现代出版学丛书

海外出版业概述

杨贵山　种晓明　◎编著

苏州大学出版社

图书在版编目(CIP)数据

海外出版业概述/杨贵山,种晓明编著.—苏州：苏州大学出版社,2007.9

(现代出版学丛书：3)

ISBN 978-7-81090-951-8

Ⅰ.海… Ⅱ.①杨…②种… Ⅲ.出版工作-概况-国外

Ⅳ.G239.1

中国版本图书馆 CIP 数据核字(2007)第 137467 号

现代出版学丛书
Contemporary Publication Studies Series

总策划

吴培华

海外出版业概述

编　　著

杨贵山　种晓明

责任编辑

杨　华

出版发行

苏州大学出版社

(苏州市干将东路 200 号　邮编　215021)

印　　刷

丹阳市民生印务有限公司

(丹阳市西门外陵川绿岛南首　邮编 212300)

开本　787mm×960mm　1/16

印张　14.75　**字数** 249 千

版次　2007 年 9 月第 1 版　2007 年 9 月第 1 次印刷

书号　ISBN 978-7-81090-951-8

定价　21.00 元

现代出版学丛书

CONTEMPORARY PUBLICATION STUDIES SERIES

出版者的话

Editor's words

为了适应出版产业培养复合型人才的需要，为了促进出版这一与时俱进、以创新为灵魂的内容产业的发展，也出于编辑出版学科建设的需要，我们于2004年推出了现代出版学丛书第一辑（七种），2005年推出了第二辑（六种），引起了业内强烈的反响，获得了广泛的好评，在此基础上，我们又策划了第三辑（七种）。我们对于本套丛书的设想是立足于创新，尽可能地吸收中国出版业发展的最新内容，改革的动态、技术的革新、政策的变化、发展的趋势都将纳入我们的视野。我们对于作者的选定侧重在那些长期关注中国出版业发展的教育工作者和理论研究工作者，他们中有担任过领导工作又长期从事出版理论研究的专家，有在编辑出版教育第一线耕耘不止的园丁，有在编辑出版管理部门从事实际工作的理论工作者，虽然他们分布在全国各地，从事的工作不同，但是都有一个共同点，就是都在为繁荣中国的出版事业而努力，他们的工作异常繁忙。

然而，正是因为创新的立足点和作者选定的侧重点，决定了本套丛书也许会出现很多缺憾。我们将在广泛收集反馈信息的基础上，选择适当的时机及时对本丛书进行修订。因此，我们真诚地希望广大读者、教育工作者和理论研究工作者出于对本丛书的爱护，对其中的不足之处和疏漏讹误，不吝赐教。我们虚心期待着大家的意见、建议，甚或是严厉的批评，因为我们对中国出版业的拳拳之心是共同的。

总序

Preface

书籍，是人类传承文明的主要载体；近代兴起了报纸和杂志，于是文明传承又多了一种工具和媒介，从而新闻与出版并称。但是二者在传承文明过程中所起的作用和各自的特点有所不同。报纸杂志的时效性强、内容多样；书籍则传世久远、影响深远。二者相济，既及时反映了即时发生的情况，又引导人们思考过去、现在和未来，于是人类的文明得以播散和流传。

任何国家的新闻出版事业都是为自己国家的利益服务的，绝无功利的新闻出版事业从来不存在。过去，我国的新闻出版事业只注重了它的宣传作用，而忽略了它还有商品性的一面。这是计划经济导致的必然结果。改革开放以后，人们很快意识到了出版事业的二重性：意识形态属性和商品属性。我国的新闻出版业，一方面要发挥党和人民喉舌的作用，另一方面也要按照社会主义市场经济的规律去建设、发展、生产和流通，这两种属性是并行不悖、相辅相成的。只有按照市场经济的规律去建设、发展、生产和流通，才能更好地宣传科学的理论、正确的思想，弘扬正气，凝聚人心；也只有坚持正确的导向，乘市场经济的浪潮发展，才不致于迷乱了本性，才能为最广大人民的根本利益服务，才能在世界范围内形成自己的特色，参与国际出版业的激烈竞争。

无论是哪个国家的出版业，也无论从我国出版事业的哪一方面的属性来说，要使这一事业发展壮大，人才都是关键。特别是我国的出版事业正处在由传统的生产方式向现代生产方式转变的过程当中，人才的问题更加显得重要而急迫。

现代的出版业需求怎样的人才呢？我想，这样的人才除了应该熟悉现代新闻出版的经营方式方法之外，还需要有较高的理论素养、创新的意识和能力。后者也许比前者更为重要，因为经营的方式方法可以在实践中摸索、总结，而理论修养和创新能力却需要较长时间的积累和一定的悟性，需要良好的环境和条件的熏陶与培育。

如果以上述的标准衡量，应该承认，我国新闻出版界的人才结构和知识结构的确急需改善。同时我们应该看到，我国出版教育事业要承担起培养新型出版人才的历史重任，还有很多工作要做，还有很长的路要走。在诸多应该做的工作当中，编写出版具有理论深度的著作和具有时代特色的教材是其中最重要的基础性建设。

目前比较系统的一套出版学丛书还是十年前编写的。出版事业和社会生活几乎是同步前进的，在"知识爆炸"的今天，出版事业的发展可谓一日千里，也只有一日千里才能跟上时代。永远向前看，这是出版业的重要特征。因此，原有的读物显然已经不能完全满足当前的需要。现在出版的这套由我国新闻出版界一批著名专家策划并编写的《现代出版学丛书》，就是为了跟上出版业改革发展的形势，根据他们在这一领域中多年积累的经验、最新的发展动态、研究的最新成果和对未来的深刻思考编写而成的，供正在出版事业前沿努力奋斗的专业人员和有志于投身这一事业的年轻人学习之用。

参加策划和编写的专家，都在出版业的各个方面工作过多年，有的担任过出版业领导工作并长期从事出版理论研究，有的在出版教育领域耕耘时久，有的一直在出版部门从事实际工作。他们虽然分布在全国各地，专业也不尽相同，但是有着一个共同的特点，这就是始终紧跟时代的脚步，密切关注着国际上出版界的动态，苦苦思考着我国的出版业如何适应21世纪中国和世界的情况。

任何著作都不可能十全十美，因为就在作者研究、写作的时候，客观情况已经在变化了；再加上每个人占有的资料很难滴水不漏，观察的角度彼此或异，如果读者发现这套丛书还有什么不足和可议之处，我看应属正常。我们总不能等到一切都研究得完美了再来编写——实际上永远不会有这样一天，重要的是做起来，教起来，学起来。

我衷心希望这套丛书尽快出齐，在听取读者的意见后不断修改提高，使之成为具有权威性的读物和教材；我同时希望我国的出版教育界以这套丛书的出版为新的起点，加强科学研究，逐步形成和完善具有中国特色的出版理论体系，使我国的出版事业不仅在数量和质量方面达到与我国的国际地位相应的水平，出色地承担起传承人类文明的重任，而且在理论建树和人才储备方面也能令世界刮目相看。

许嘉璐

于日读一卷书屋

Contemporary Publication

现代出版学丛书

目录

Contents

第一章 美国出版业

第二章 英国出版业

第三章　法国出版业

第四章　德国出版业

第五章　俄罗斯出版业

第六章　日本出版业

第七章　韩国出版业

第八章　荷兰出版业

第九章　印度出版业

第十章　加拿大出版业

第十一章　意大利出版业

第十二章 西班牙出版业

第十三章 澳大利亚出版业

第十四章 波兰出版业

第十五章 罗马尼亚出版业

第一章

美国出版业

美国出版业，无论是就其发展空间，还是行业规模，都居于世界首位。最近几十年，美国出版业经历了飞跃式发展。美国出版业起源于19世纪早期，最初是以家庭为单位的个体经营，二战之后大量平装本的引入使美国出版业迅速繁荣起来。

从20世纪60年代中期开始，出版社承受了来自大公司的多种形式的收购和兼并的压力，而这些大公司未必涉足出版业。目前尚存的出版社几乎都曾受到这种现象的影响。这种现象导致了两个结果。其一就是出版商处于空前迫切的为母公司创造高额利益的压力之下。这种压力驱使出版商越来越商业化，有时甚至要牺牲自己的创造性和向未知领域挑战的冒险精神。另一个结果就是小规模的出版社如雨后春笋般地兴起。这些出版社的创办者大都是那些在企业收购过程中失去或是放弃了自己工作的高层主管。他们试图充分调动自己的创造性和创新性，以出版多元化和专业化的图书。

美国出版商协会（the Association of American Publishers，简称AAP）作为美国出版商信息交流的中心和平台，为出版社提供了全面的管理政策和企业间的合作规划。目前，美国出版商协会的会员数量为2 000多家。

依据出版社所服务的市场，我们可以将图书出版业分为6个不同的领域。这6个领域分别是：(1) 大众图书，主要包括面向公众的图书、青少年用书和宗教图书；(2) 大众市场平装书；(3) 图书俱乐部和邮购图书；(4) 参考图书和专业用书，主要包括百科全书、词典、技术性图书、科学用书、商业、法律及医学用书等；(5) 小学和中学教材；(6) 大学用书。

双日·戴尔（Doubleday-Dell）、哈珀·柯林斯（Harper Collins）、麦格劳·希尔（McGraw-Hill）和西蒙·舒斯特（Simon Schuster）等规模较大的出版社的经营都涉及到以上6个领域。由于每一个领域都需要自己特定的编辑和市场结构，这些规模稍大的出版社基本上都是在拥有多种独立单位的条件下进行经营和管理的。相比之下，小规模出版社大都投身于一般图书出版领域，经营的图书包括小说、商业用书、心理学用书、入门指导、烹饪用书等，同时，也有一些规模稍大的出版社仅侧重于中小学教材、大学教材或百科全书。

表1　美国出版社数量统计

年　代	出版社数量
1947 年	357 家
1973 年	3 000 家
1980 年	12 000 家
1994 年	52 847 家
2004 年	56 000 家

表2　2004 年美国出版统计数据

类　别	新书种数（包括精装与平装本）	商业出版社生产的新书种数（包括精装与平装本）	大学出版社生产的新书种数（包括精装与平装本）
农业	1 065	42	140
艺术	6 766	247	472
传记	7 241	812	782
商业	5 626	1 116	217
教育	4 459	429	435
虚构	25 184	5 125	295
一般手工劳作	3 512	142	88
历史	9 662	666	1 654
国内经济	3 639	487	60
青少年	21 516	6 660	135
语言	3 523	500	599
法律	3 099	125	482
文学	4.671	488	894
医药	7 382	593	582
音乐	2 764	90	263
哲学、心理等	8 409	910	835
诗歌、戏剧	6 170	225	518
宗教	13 177	829	690
自然科学	8 509	1 047	1 267
社会学、经济	17 825	1 609	3 052
体育、娱乐	4 806	524	378
技术	8 620	965	490
旅游	3 574	528	156
合计	181 199	24 159	14 484

表3　2004 年美国大众市场出版社排名

	美国/北美销售(亿美元)	全球销售(亿美元)
兰登书屋	13.3	22
哈珀·柯林斯	9.65	13.29
企鹅集团	9	14.4
西蒙·舒斯特	9	7.5
时代华纳图书集团	3.85	4.65
总　计	44.8	61.84

(78% 的新书都是由小出版商出版,80% 的销售额却控制在 5 大出版巨头手里)

第一节

学术出版

在美国,从出版经济的角度来看,相对其他图书而言,学术图书单本销售的册数并不多,利润也不高。目前,美国大学出版社协会(the Association of American University Presses,简称 AAUP)有会员 121 家,每年出版新书约 9 000 种,图书销售总额为 4.5 亿美元。除却出书品种和销售册数,我们还可以看到,学术出版的社会影响当之无愧是最大的,这是因为学术图书的作者往往是那些始终站在人类科学探索最前沿的专家。在美国,学术出版与政治、与美国政策的制定密切相关。可以说,某个学科的权威著作对政府制定该领域的政策、决策起着关键的作用。学术出版和美国政治之间的关系也是美国学术界、出版界和政治领域孜孜不倦讨论的话题。

一、学术出版机制

学术图书出版在美国主要有3种方式：在绝大多数情况下与学术研究机构相关联的大学出版社；商业出版公司下属的专业或学术出版子公司，以及该领域独立的、私有的出版商；各种专业委员会、学术团体和联盟。

1. 大学出版社

美国大学出版社的出现可以溯源至英国的剑桥大学出版社和牛津大学出版社。19世纪，牛津大学出版社和剑桥大学出版社先后在美国建立了分支机构，从而掀开了美国大学出版的序幕。到了19世纪末期，美国已经拥有了诸多著名的大学出版社，比如哈佛大学出版社、康奈尔大学出版社、芝加哥大学出版社、约翰·霍普金斯大学出版社等，这些大学出版社现今仍然堪称美国大学出版的中坚力量。20世纪，美国大学出版力量成长迅速，大学出版社成为美国学术出版的中流砥柱。

美国大学出版社在发展过程中形成了自己的独特模式和出版文化，甚至剑桥大学出版社和牛津大学出版社等在美国的分支机构也逐渐被同化。与其他国家大学出版社相比，美国大学出版社的商业氛围要浓得多。比较剑桥大学出版社本部和美国分支机构就很容易看出这一点。从数量上来看，大学出版社发展迅速且非常强盛。目前，美国大学出版社协会下属的会员每年出版的新书品种在全美每年出版的新书品种中大约占20%的份额。而在1948年，美国大学出版社协会下属的35家会员出版社出版新书品种为727种，在当年全美新书总品种(9 182种)中仅占8%的份额。也就是说，从20世纪50年代发展至今，美国大学出版品种数量增长了近10倍。

从出版内容来看，20世纪50年代美国大学出版社出版的大部分图书为人文社会读物。从20世纪50年代至20世纪末期，严肃性的专著读物逐渐受到冷落，面向大众的综合性概论读物越来越受大学出版社的欢迎。许多大学出版社为了彰显其所属大学的专业特色或特定文化背景，往往非常喜欢出版一些区域性读物。

美国大学出版社另一个值得关注的转变是，大多数大学出版社从原先受大学津贴支持逐渐转变为自力更生。在20世纪50年代,大部分大学出版社都不同程度地接受所属大学的津贴。当然也有一些例外,比如哈佛大学出版社、芝加哥大学出版社、加州大学出版社等一些发展比较成熟的大学出版社不仅能自力更生,而且还往往为所属大学的研究提供资金。从大学的角度来说,提供津贴最主要的目的在于让大学出版社尽可能出版学术著作,尤其是那些学术价值很高但市场空间不大的作品。尽管如此,大学出版社在50年代至90年代之间还是表现得越来越热衷出版大众读物,比如文学作品甚至厨艺读物。许多学者在对此表示反对的同时也非常理性,认为大学出版社很难适应竞争非常激烈的美国图书市场。的确,美国大学出版社从涉足大众读物出版的开始就遇到了一系列从未遇到的难题,比如异常尖锐的退书问题。

2. 商业出版公司下属的学术出版子公司及独立学术出版商

正如我们上面提及的,在20世纪初,学术出版在整个出版市场中所占的市场份额较小。这一方面是因为当时整体阅读图书的人比例较小;另一方面,大学入学人数也较少。另外,就当时整体出版氛围而言,出版社出版学术图书最主要的目的在于提高名望,经济指标往往被置于第二位。但随着时代的发展,科学分工越来越细,技术发展越来越快,人们对学术专著的阅读需求迅速增长,学术出版逐渐成为一个有利可图的出版领域,于是,商业出版商开始涌入学术出版领域。比如约翰·威利(John Wiley)、麦格劳·希尔(McGraw-Hill)出版的自然科学读物就非常著名,而其他商业出版公司比如基础图书(Basic Books)、自由出版社(Free Press)、加森·阿容森(Jason Aronson)、学术出版社(Academic Press)、萨格(Sage)、西方观点(Westview)及蓝萨克森(Ransaction)等则在出版社会和行为科学读物方面有不俗的表现。这些出版公司有些是独立出版商,有些本身即是大出版公司下属的子公司。与大学出版社最大的不同之处在于,这些商业出版公司下属的学术出版分部或子公司几乎不出版学术专著,一般只对概论性的、通识性的综合类学术读物感兴趣。因此,大出版公司下属的学术出版分部或子公司在综合性学术读物方面形成了很强的市场优势,拥有较高的市场占有率。从学科上来看,大公司下属的学术出版分部或子公司更愿意出版自然科学读物,它们在自然科学读物方面也有较强的市场优势。如果深入分析,我们不难发现,目前,美国这些商业学术出版公司大多已经被欧洲出版巨头通过并购的方式兼并。众所周知，自然科学读物很容易跨越国界，而社会科学则不然。这样，作为跨国经营的出版集团来说，出版自然科学读物可以减少成本而将图书扩展至更大的市场空间；另一方面，自然科学读物的价格明显高于社会科学，单位图书的利润率也要稍高一些，这也是商业学术出版公司愿意出版自然科学读物的原因之一。

但是无论过去还是现在，美国商业出版公司下属的学术出版子公司及独立学术出版商的总体规模从来就没有被精确统计过。美国大学出版商协会的统计资料只能部分说明美国学术出版的面貌，美国商业出版公司及独立学术出版商的学术出版规模却无从得知。根据 *Literary Market Place*（1998 年版）统计，全美共有将近 450 个出版商自称为学术出版商，但如果仔细分析，就可以发现该数据不太可信。*Literary Market Place* 名单中有许多出版商每年出版的图书品种不超过 10 种；有许多是商业公司或机构的出版机构，甚至还包括一些非北美公司在美国设立的图书分销机构。综合而言，虽然美国商业出版公司及独立学术出版商的学术出版规模无法确知，但我们可以肯定的是，美国商业公司的学术出版规模仅次于大学出版社，而且其份额也越来越大。

3. 专业协会和学术团体

在美国，专业协会和学术团体在学术出版方面也扮演着非常重要的角色。全美大约有 50 多个专业协会和学术团体。几乎所有的专业协会和学术团体都有颇具规模的学术出版计划。美国化学协会（the American Chemical Society）年出版图书 53 种，美国物理协会（the American Institute of Physics）67 种，美国数学协会（the American Mathematical Society）68 种。美国的人文社会科学协会的学术出版表现略为逊色一些，但也有不俗的表现，比如美国心理科学协会（the American Psychological Association）年出版图书 27 种，美国现代语言协会（the Modern Language Association）11 种。我们在考察美国专业协会和学术团体图书出版规模的时候，一定要记住学术期刊始终是美国所有专业协会和学术团体最关注、最重视的，而且近年来美国学术界最关注的学术期刊出版正处于较大幅度的转型之中，图书亦然，但幅度要明显小于期刊。

二、学术图书营销机制

在美国，学术图书出版与大众图书出版最大的区别在于需要投资的多少。一般而言，美国学术图书出版整体需要的投资金额要比出版大众读物或教科书的投资小得多。相对大众读物或教科书而言，学术图书无需花费昂贵的支持、服务系统。与投资相对应的是，学术图书的回报率相对大众图书或教科书而言也少得多。平均而言，一本学术读物单价为 39.95 美元，销量为 1 000 本（扣除平均为 30% 的折扣后的销售总收入为 27 965 美元）；一本教科书单价为 18.95 美元，销量为 10 000 本（扣除平均为 20% 的折扣后的销售总收入为 151 600 美元）；一本大众读物单价为 18.95 美元，销量为 10 000 本（扣除平均为 40% 的折扣后的销售总收入为 113 700 美元）。而且，大众读物的销量弹性非常大，一本成功的大众读物销量可以超过 5 万册，但一本学术读物即便非常成功，销量也很难超过 5 000 册。由此可见，大众读物、教科书与学术图书之间的投资和收入差异很大。从出版公司的角度来说，几本成功的大众读物或者教科书就可以支持整个公司的运营，而纯粹的学术出版商则必须遍地开花，使每本学术读物都非常成功才能够实现出版公司的繁荣。

正如我们上面所说的，学术图书出版针对的是特殊兴趣关注者。因此，其潜在读者面非常狭窄。从 20 世纪 70 年代开始，美国学术图书的平均销量大幅度下降。目前，美国大多数学术图书的平均销量低于 3 000 册，还有大量的图书销量甚至低于 1 000 册。面对这种状况，出版商只能通过提升数量来增加收入，也就是说，当今美国学术出版商每年出版的学术图书品种相对 70 年代前要多得多。

美国学术图书出版的另一个特征是，学术图书能否得到出版很大程度上取决于出版机构外部行业专家的建议和意见。美国学术图书出版的第三个特征是学术图书的编辑们对作者怎样及何时交稿影响不大，因为学术图书的作者很少因经济收入因素而写稿，他们对市场营销可以不作考虑。

学术图书出版既是因学术活动激发而产生，又对学术活动有着一定的促进作用。学者只为其他学者而不是大众写作。即便学者突发奇想地想为大众写一本书，他们也很难做得很成功，因为他们很难抛弃学术术语、令人眼花缭乱的注解、大量的专业引注……这些都阻碍了学者将知识以常人容易理解的话语写出来。此外，与大众图书相比，学术图书的市场生命周期虽然要相对长一些，但这并不代表学术图书不会过时。事实上，除却少部分经典作品能出版许多版次外，绝大多数学术图书随着学术研究的进步而落后，以致被淘汰。近年来，随着学术进步的加快，学术图书的更新周期明显缩短。学术图书生命周期的缩短给出版商带来了巨大困难，因为作为某一特定领域的研究者，他希望能接触到该领域所有的图书，如果某一本他认为非常关键的图书无法觅得，他就会非常沮丧，而图书周期的缩短使得出版商对囤积的图书数量无法控制，预留少了，很多学者无法获得图书，预留多了，既要承担卖不出去的风险，又要承担昂贵的仓储费用，学术出版商陷入两难境地。相比之下，学术期刊就要好得多。长期以来，学术期刊已经形成了一套行之有效的信息储存方式，过期的学术期刊都按照一定的方式被保存下来。

最后，与大众读物出版相比，学术图书出版商还需要处理好各种关系，包括与图书馆、政府、学者、其他学术出版商之间的关系。学术图书出版商必须非常重视这种关系的处理，这是因为美国大多数学术研究是由政府、各种基金和私人机构赞助的，而学术图书最大的购买者则是图书馆。因此，学术出版商如果无法与学术研究赞助者、学者处理好关系，就面临着失去出版资源的风险；如果没有与图书馆建立良好的关系，则失去了最大的顾客。

美国学术出版商在出版某本新书前一般尽可能多地与专家、读者接触，听取他们对即将出版的图书的看法，这是因为对于学术图书而言，读者之所以购买和阅读，是因为他们认为这本书是有用或者重要的。因此，了解潜在读者的看法及该领域专家的观点就显得非常重要了。从另一个方面来说，针对该图书的书评通常显得非常重要，它可以激发和争取潜在读者购买。总体来说，普通的图书促销方式对学术图书的销售并没有明显的作用。从专家的角度来看，出版商在出版某本学术图书前必须考察3个因素：作者过去作品的质量、专家对该作品创新方面价值的评价和该作品前期显现的价值。

那么，又是什么促使学者、图书馆或学术团体购买某本学术图书呢？

在没有预览的情况下，数据和观点的新颖程度、创新程度是最重要的购买要素，作者的知名度也是很重要的一个方面。正如所有图书的销售一样，知名作者的图书销量通常要明显高于非知名作者的作品。与此颇为相似的是，作者与特定机构的归属关系也能影响作品的销量。

在美国，学术图书的销售在很大程度上依赖服务图书馆和少数专门销售学术图书的批发商。当然，学术出版商也采取直销的方式，可以想象，这种直销的方式可谓困难重重。教科书和大众读物的发行渠道，对学术图书是不太适合的。近年来，随着市场并购事件的不断出现，学术图书销售渠道也出现了集中的势头。由于这些学术图书销售巨头不太愿意与小规模独立学术出版商打交道，近年来独立学术出版商急剧减少，而大型学术出版机构的优势则越来越明显。

图书市场的国际化趋势目前越来越被业界人士所提及，学术图书更是出版国际化的“先头兵”和“主力军”，这是因为，随着英语成为国际科技和商业的主流交际语种，学术图书应着“科技无国界”的名端而飘洋过海。此外，从20世纪80年代开始，国际图书出版业的并购事件此起彼伏。可能是因为欧洲图书市场明显小于美国图书市场，欧洲图书出版商尤其是学术出版商首先掀起了这股并购风潮。欧洲大型出版公司（集团）比如贝塔斯曼（Bertelsmann）、阿歇特（Hachette）、培生（Pearson）、国际汤姆森（International Thomson）和励德（Reed）等纷纷并购美国学术出版机构，以实现产品国际化和市场广域的拓展。在学术出版国际化趋势中，我们必须注意到，这种国际化的范围还部分局限于发达国家，经济欠发达地区还无法成为国际学术出版巨头关注的焦点，大多数大型的国际性学术出版公司都认为第三世界国家的学术图书市场不是很大（如果站在硬通货转换后的角度来看）。就目前而言，学术出版国际化主要涉及的地区为北美、西欧、日本和澳大利亚。除却学术图书产品的国际化，一些公司和服务也开始呈现国际化趋势。贝克·泰勒（Baker & Taylor）和布莱克维尔（Blackwells）等图书销售商也积极拓展国际市场，专门从事学术图书销售的维里·尼里公司（Willy-Nilly）也有不俗的国际市场表现。事实上，如果这些图书销售公司在他国拥有一些基础条件，那么在该国订购美国学术图书就会非常便捷。

正如我们上述所提及的，20世纪80年代开始，世界书业同其他行业一样开始了并购风潮,美国书业很多公司被欧洲公司收购。欧洲学术出版历史悠久、实力雄厚,欧洲大型学术出版公司对美国学术出版机构的兼并给美国本国的学术出版形成了持久性影响。众所周知,一个优秀的学术出版机构的建立需要长期的积累和努力,何况欧洲学术出版公司收购的都是美国一流的学术出版机构和一流的产品,比如 *SCI*、*EI* 等。

美国出版业名流弗莱德·考布拉克曾经说过,欧洲出版商深谙美国市场对学术出版的意义。一方面,欧洲出版商清楚本国的学术图书市场一般不足以支持该国学术图书出版的持续发展;另一方面,美国大学和行业研究机构一直是学术研究的绝对中心。欧洲出版公司对美国学术出版机构的收购拓展了该公司的业务范围和市场前景,但是对美国学术界而言,这不是一个好消息,毕竟学术传播的主动权到了“外国人”的手中。这在美国一度引起全国范围的大讨论。当然,收购只是第一步,对欧洲出版商而言,更重要的是要能够真正“渗透”进美国市场。众所周知,欧洲图书市场运营和销售的方式与美国还是有所不同的。比如价格,欧洲学术图书的价格就要明显高于美国;在销售方面,欧洲图书出版商更主张有针对性的促销而非泛化的推销……就目前来看,收购后做得最成功的公司往往对被收购公司设定的自由度最为宽松,也就是说,要充分给予被收购公司自主权,这样,出版自由性在某种程度上得到了保证。其实,这一点在并购风潮开始之前就已经被验证过,牛津大学出版社美国分部、剑桥大学出版社美国分部的成功就充分说明了这点。

从上可见,很难精确评价并购对美国学术出版带来的影响。目前有的评论过分强调文化和科技资源的控制,有的则过分强调经济效益。这两种观点似乎都极端了一些,但无论如何,学术出版必须既要满足传播学术研究成果的需要,又要满足读者的需要。

技术变革尤其信息技术的发展对学术图书出版产生了深远影响,学术出版的所有涉及方包括学者、政府、图书馆和出版商都深涉其中。技术变革的影响决不局限于提高了出版的便捷程度比如排版、文本的传递等,技术变革所带来的是深层次的背景关系的变革。学者目前对其作品的控制程度就超过了以前:在交稿之前,学者可以自由修改文稿;即便在交稿之后,也可以修改再次提交,甚至在出版前要求对书稿的编辑加工情况作最后的浏览。

技术变革在学术期刊出版方面带来的影响非常大。目前，美国正进行着一场名为“学者的叛乱”的学者自行出版期刊的运动，几个有影响的学术团体及许多学者自行出版自己的研究成果。在图书方面，技术的影响明显小得多。毕竟大多数人不愿意在屏幕上阅读整部书稿，在纸面上做笔记可能要方便得多。技术变革尤其是信息技术的发展还使得学术图书的宣传变得更为便捷，拓展了学术图书宣传和销售渠道，就这个方面而言是有利于学术图书出版发展的。

另外，信息技术尤其是按需印刷技术的出现和发展也解决了一直困扰学术出版的绝版问题。一方面，学术出版商可以根据读者的需要定制印制某些绝版的学术图书；另一方面也有效解决了为了防止绝版而过量储存带来的仓储问题。总体来看，技术给学术图书带来的影响是积极的，至于电子读物是否会完全取代纸质产品，这一点还需进一步的讨论。

第二节 大学教科书出版

在20世纪50年代以前，美国的大学教科书一直被看成是令人乏味、沉闷和晦涩难懂的。由于缺乏全国统一的教学大纲，出版商不得不自己创建范例。从这一点上来说，大学教科书出版商所肩负的责任是非常重大的。从50年代开始，美国的大学教科书出版逐渐走向成熟，品种逐渐增多，质量逐步提升，市场上涌现出一大批写作生动、组织合理、知识面广、由易入难、装帧美观、插图富有想象力的优秀教科书。这些教科书的作者也都极负名望。对于这些成就的取得，出版商自然功不可没。

一、教科书出版的腾飞

20 世纪 50 年代到 90 年代可以说是美国大学教科书出版的腾飞阶段,主要原因是大学入学人数飞速增长。在 50 年左右的时间内,大学在校人数从 140 万激增至1 500万。这不仅得益于第二次世界大战后人口出生率的提高,还得益于大中专院校学生对更高学历的追求。在这一时期,印刷、装订和纸张制造技术也有了极大的飞跃,这使得印刷色彩和图片更加精美。一些杰出的图像设计专家抛弃了传统教科书平淡沉闷的形象,为教材创造出了千奇百态的画面。此外,在这一时期,美国市场没有受到任何外来出版商的冲击。相反,一些富有远见的出版商纷纷占领了原来由英国出版商主宰的部分市场。随着大学课程数量的逐步增多,大学教授们也探索出越来越科学的教学方法,由此为出版社开辟了诸多新市场。

但是自进入 90 年代以来,美国教科书出版商并没有迎来预计的“黄金时代”,恰恰相反,他们面临的困难却逐步增多,主要有以下一些原因:

(1) 大学入学数量基本达到饱和。目前,全美大学在校生有 1 500 万人,其中 1 260 万人为本科生。

(2) 大学教科书的销量(其中不包括二手教科书)逐年减少。教科书价格的上涨刚好可以弥补成本的增长。据统计,全美大学教科书销售总额每年大约为 25 亿美元,其中大约 95. 3% 来源于本国市场,4. 7% 来源于国外市场。一项调查显示,从 1989 年到 1994 年,美国大学教科书消费支出每年增长 3. 4% ,而相应的通货膨胀率每年为 3. 9% ,因此,所谓的“增长”实际上是减少。美国出版商协会高等教育委员会提供的一份报告显示,1980 年到 1992 年间,美国大学教科书的价格上涨幅度为 250% ,而同期美国物价指数上涨幅度为 70% 。1994 年到 1999 年间,美国大学教科书消费支出每年增长 3. 5% ,这远远低于成人图书消费支出每年增长 10% 和总体图书支出每年增长 6. 9% 的幅度。

此外,政府削减预算也是不可忽视的一个因素。尽管美国一直把教育摆在极其重要的位置,但大学学费越来越高,在私立大学读书的每个学生 4 年的总花费约为 10 万美元,而毕业生缺乏基本技能的现象却越来越严重。州政府和联邦政府对此作出的反应是惩罚性的:大刀阔斧地削减学校的财政预算并减少学生贷款数量。政府支出的减少也影响到了许多私立学校和技术研究的其他资助来源。

(3) 二手教科书销售增长幅度远远高于新书。目前,二手教科书的销售额已经超过出版商销售额的1/4。1992年,美国出版商协会的一位官员在其文章中指出:由于大家越来越觉得教科书只是为了应付考试才必需的工具,因此,二手教科书市场异常活跃,二手教科书的价格也越来越低。现在,许多大学书店首先考虑购买的是二手教科书,购买新书反而成了一种补充手段。

(4)"价格抵制"现象越来越多。所谓"价格抵制",是出版商对学生想方设法不买教科书而通过考试的行为的称呼。为了应付考试,有的学生使用二手教科书,有的则几个人分享一本教科书,有的到图书馆借用教科书,有的干脆就影印教科书。而大学教科书的价格一般为40美元—70美元。这样一来,出版商就损失惨重,抱怨之声此起彼伏。

(5) 图书退货逐渐增长。近年来,美国大学教科书的退货率一直居高不下,达22%。有时,大学教科书的退货量甚至超过了卖出的数量。这在任何一个国家的出版界都是极为罕见的。造成这一局面的主要原因是入学人数的减少,大学书店纷纷减少了订购数量,因此退货在所难免。

二、大学教科书市场七巨头

从20世纪80年代开始,美国的大学教科书出版领域也未能幸免于那股席卷欧美的兼并狂潮。通过这次兼并,美国大学教科书市场形成了目前的七巨头霸市的垄断局面。这七家公司分别是西蒙·舒斯特、麦格劳·希尔、培生、汤姆森、哈考特·布雷斯、休顿·米福林和约翰·威利。它们的销售总额占全美大学教科书出版公司销售总额的2/3。这种垄断局面给七大出版公司带来了丰厚的回报。它们在不减少收益的情况下,通过购并精简了人员和设备开支,加强了在已有出版领域的实力,并弥补了自己在某些市场领域的不足。不过,这种垄断局面也给美国大学教科书出版市场留下了一个非常严重的后遗症,那就是自20世纪80年代以来,美国还没有成立一家新的大学教科书出版公司。

表4　1998年美国教育出版商排名(单位:亿美元)

出版公司	总营业额	大学教科书所占比例(%)
麦格劳·希尔	22.22	37
西蒙·舒斯特	11	46
培生	7.94	42
休顿·米福林	7.725	21
哈考特·布雷斯	7.15	25
汤姆森	4.33	45
约翰·威利	1.1	100

表5　1998年大学教科书出版商排名(单位:亿美元)

出版公司	营业额
西蒙·舒斯特	5.1
麦格劳·希尔	3.593
培生	3.33
汤姆森	2.38
哈考特·布雷斯	1.79
休顿·米福林	1.607
约翰·威利	1.1

1998年,在美国大学教科书市场上,排名第一的西蒙·舒斯特的营业额为5.1亿美元。麦格劳·希尔以3.593亿美元的营业额位居第二。其他依次为培生、汤姆森、哈考特·布雷斯、休顿·米福林和约翰·威利。

三、教科书版本更新过于频繁

美国大学教科书出版最显著的特征就是新版本的推出达到了一种近乎疯狂的程度。其实,出版社这样做主要有两个原因。一是二手教科书市场异常活跃,出版社被迫使用这种策略来应对这一难题。在美国,出版商一般3年至4年就更新一次版本。二是来自学校方面的压力。一般来讲，大学都喜欢采用新教材。不过，最根本的原因还是市场。由于市场竞争激烈，众多出版社都在想方设法为教师和学生提供更好的教学资料，目的就是要获得更大的市场份额。值得指出的是，这种竞争也造成了人力、物力方面的巨大浪费。此外，新技术为学习创造了许多新的选择机会，教科书也必须尽快适应这一情况。迫于压力，教科书必须进行周期性改进。教科书版本更新过于频繁显然也有其消极的一面。这样会使作者的才识捉襟见肘，也会使编辑和销售商产生厌倦心理。

四、教科书的采用决定权掌握在教师手中

美国大学教科书一般由大学书店订购，再由书店卖给学生并把账单送至学生家长手中。但出版商的市场营销对象并不是最终的购买者——学生，而是掌握教科书采用大权的授课教师。为了说服和吸引教师采用自己的图书，许多出版社不惜投入巨资在辅助性教学工具方面大做文章。出版社免费提供的辅助性教学工具多种多样，有教学幻灯片（一套好的幻灯片制作费用高达10万美元）、题库（主要是多选题，每一章后面都附有大量的习题，既有印刷的，也有装载在电脑磁盘上的）、题目答案（必须非常细致，每个步骤都写出来）、班级和实验室管理成套软件、录影带及学生管理方案软件……这样一来，出版社既要想办法满足教师越来越高的要求，同时还要避免引发学生因价格过高而对教科书进行抵制，这种夹缝生存的局面一时还难以得到缓解。但是，教科书出版的最大意义在于教科书是传授知识、开阔眼界和灌输思想的最好工具。众所周知，只有少数有才智的人才能写出好教科书，与他们一起工作无疑是一种享受，同样，与掌握教科书采用大权的授课教师交往也是令人愉快的。大学教科书出版商在创造产品和"完善"最终产品中发挥着巨大作用。一个成功的教科书出版商要比一个成功的大众读物出版商更应感到荣耀。因此，教科书的价值远远不是其价格所能体现的。据一项调查显示，学生获得多数知识的途径——不是影像带，不是计算机软件，也不是CD-ROM，甚至也不是讲座或课堂老师，而是教科书。大学生在校期间所获得的知识有55%来源于教科书。81%的教授承认教科书"对学生的成功至关重要"。如果考虑到教科书所负载的信息价值，如果把教科书与学费进行

比较,就会发现教科书实在是便宜。

五、销售队伍至为关键

由于开发和出版一本基础教科书和辅助教材的费用高达上百万美元,因此,美国大学教科书出版亟需在以下几个方面进行改进:一是必须注重吸引一流的出版人才。二是为作者提供更好的编辑服务。在美国,大学教科书的出版是出版社与作者集体智慧和共同协作的结晶。对大学教科书出版社来说,最大的挑战莫过于发掘能够写出非常成功的教科书的教师或作家,他们必须具备一些条件:有个性、有韧性、有热情、有学识和有才智。三是教科书原稿的衡量标准必须提高。也就是说,对教科书的原稿不能仅仅大概翻阅,至少每个决策者都应当阅读一些章节。实际上,目前出版商的出版决策的依据大多是评论。除此之外还有采购员、编辑和销售经理的意见,而这些人一般也不会阅读原稿。原稿的评论一般由原稿所属领域内的教授或专家撰写。四是要发展和壮大销售队伍,这一点至关重要,因为大学教科书出版社的经营业绩在很大程度上取决于其销售代表——即大学教科书推销员。如果说编辑是出版社的灵魂,那么销售人员就是出版社的心脏。销售人员如果不以所销售的教科书的属性和品质感到自豪,那么他们的话语只会增加教科书成为畅销书的难度。如果销售人员不时刻关注学校里发生的事情——不仅要搜寻原稿,还要随时报告一些信息(比如教职工如何使用互联网和其他多媒体技术的情况等),出版社很快就会落伍。对大学教科书出版社而言,具备一支动机崇高、有学识和有经验的销售队伍是成功的首要条件。

六、网络销售搅乱大学教科书市场

近年来,虽然电子技术的发展给大学教科书出版带来了一些影响,但作为自然和社会科学的学习工具,大学教科书还没有任何竞争对手。即使进入21世纪,大学教科书仍将是最主要的学习工具,它仍将被阅读、编撰、修改、插图和设计。作者和出版商也同样可以找到属于自己的角色。不过,从发行渠道来看,大学教科书的确受到了网络的强烈冲击。随着电脑的普及,网上购物已经被越来越多的美国人尤其是年轻人视为一种时尚，更为重要的是，消费者认为网上购物不仅方便而且还能节省成本。许多网上书店纷纷把赌注压在学生身上，因为学生这一群体在网上所花的时间要多于其他任何群体，他们也希望在网上购买教科书。

1998 年 8 月，美国首家只经营教科书的网上书店——大学网上书店（www. varsity. com）正式开业。它的创办揭开了大学教科书销售领域巨变的序幕。到年末，大字网上书店（www. bigword. com）也增加了教科书的经营业务。这两家网上书店的成功主要归功于强大的市场宣传攻势和认真培育与学生、教授和出版社的关系。1999 年初，美国最大的两家大学书店也作出了反应。先是福莱特书店开办了伊福莱特网上书店，此后不久，巴诺大学书店成立教科书网上书店。这两家长期从事教科书销售的书店进入网络教科书市场给大学网上书店和大字网上书店带来了挑战。网上书店有许多共同之处：可以建立书名、作者、主题和国际标准书号检索的大型数据库，享有折扣，24 小时内发货。随着竞争的进一步加剧，这些网上书店纷纷采取了各种各样的促销措施。

大学网上书店在开办之初的客户仅有华盛顿特区的 5 家学校，现在已经扩大到 5 个州 57 所大学。学生在网上可以根据教授、课程或者科目来检索图书。与其他网上书店一样，大学网上书店也随时向顾客提供图书的备货情况。不过，不同之处是这家网上书店只销售可供图书。图书的分拣、包装及运输全部由贝克·泰勒图书批发公司负责，这样，书店就可以充分利用贝克·泰勒公司数据库中的 40 万种图书和 4 家书库。用书店经理艾里克·库恩的话说："我们拥有这么一家大型合作伙伴真是幸运。"最近，大学网上书店与汤姆森国际媒介公司合作，利用该公司的销售队伍进一步扩大大学市场。

大字网上书店的创办人马休·约翰逊说书店的成功靠的是折扣和免收运费。他说："我们的目标是创牌子，与学生建立交流来满足他们在教科书和学习方面的需求。"与大学网上书店不同，大字网上书店不是依靠图书批发商来发货。这家书店开办了一家面积为 18 万平方英尺的图书处理中心，并计划在以后扩大其备货规模。书店急于和出版社建立业务关系。"我们可以给出版社带来许多利益。我们可以用现金直接支付，我们还可以为出版社解决退货问题。"目前，大字网上书店的订单兑现率高达 95%，并实现了零退货。

伊福莱特网上书店在开办之前通过电视、广播和报刊进行了大量的广告宣传。福莱特大学书店在全国拥有600家分店,伊福莱特网上书店销售的就是这些分店的图书,其中包括新旧教科书。此外,这家网上书店还计划以高达70%的折扣销售计算机和软件。网络订单由各地的分店来处理,或者直接由总店的书库来处理。

巴诺大学书店在全国各地拥有365家分店,其中有些分店早在1997年就已经开办了网站,1998年又有80家分店实现了网络销售。巴诺大学书店经理罗斯认为其教科书网上书店将会大大促进店铺销售。他说:"我们要以学生喜爱的方式供应图书,我们实行的不喜欢可退款的措施对学生是一个比较大的吸引。此外,书店以电子邮件的形式快速通知客户图书的发运情况,并向学生寄发邮资已付信封以供他们将不喜欢的图书寄回。"

为了确保大学书店之间的公平竞争,美国大学书商协会于2000年5月开办了一个网站以供会员在网上销售大学教科书和课程资料。这一网站主要是针对那些营业额低于300万美元、没有网络销售业务的会员店的,目前已有300家会员店利用这一网站。此外,美国大学书商协会还与大学生网络公司合作,为学生提供包括校园生活信息在内的信息服务。目前还有一批大学书店自己开办了网站。例如,弗吉尼亚大学书店的网站已开办了两年,不过通过网络销售的图书仅限于一般图书和医学类图书。此外,这家书店还为在校生设立了奖学金。

尽管许多传统大学书店说还没有真正感到网络书店带来的影响,但是他们认为,随着网络书店数量的增加,目前3%—10%的业务减少幅度将会进一步加大。大学书店所普遍关注的问题就是折扣,因为网上书店所销售的图书大大低于大学书店的进价。目前美国大学书商协会正在调查此事,如果出版社对网上书店和大学书店实行不同的价格政策,那么这些出版社就有可能受到起诉。

巴诺大学书店经理罗斯预计,随着网上书店进一步加强其广告和推广攻势,美国网络教科书零售市场将会爆发一场混战。由于竞争迫使每个零售商的价格下降,所以今后的竞争将主要集中在服务上。大学网上书店经理艾里克说,从目前的情况来看,大学教科书网络销售额是否将以亚马孙和巴诺网络书店令人窒息的速度增长依然还是个未知数。不过他预计，在未来 3 年内，2/3 的新书将会通过互联网来销售。这一观点也得到了众多网上书店的认可。

第三节

电子出版

在过去几年中，凡是与出版沾点边的大型公司都纷纷进入电子书市场。其实，电子书（e-Book）对于我们来说应该不陌生。1971 年，正在伊利诺伊大学学习的麦克尔·哈特得到 100 万美元的资助，开始实施古登堡计划（www. gutenberg. net）。他的目标就是以电子方式记录下公有领域的所有书籍。在计算机并不发达的当时，这一工作的难度是可想而知的。可以说电子书的演变实际上就是个人电脑和互联网的演变历史。随着个人电脑存储能力和软件的升级，电子书也越来越实际。首批电子书阅读器于 1998 年隆重登场。这种带耐用显示屏并可储存莎士比亚全集的手持设备非常昂贵，售价 1 000 美元。因此，这种设备要想进入普通消费市场、接近大众就必须降价。

一、电子书在美国

1999 年 11 月，火箭电子书阅读器（Rocket eBook Reader，www. rocket-ebook. com）的生产者诺沃媒介公司（Novumedia）召集有关专家就火箭电子书阅读器定价 179 美元的计划征求意见——这是当时此类设备的最低价。遗憾的是，火箭电子书阅读器的实际市场销售价为 199 美元。很显然，进一步降价的方法就是降低该设备中最昂贵的部分——显示屏的成本，但这并非易事。第二个可以促使价格下降的因素就是提高发行效率。互联网已经提供了可能。目前已经有一些网站开始向公众提供此项服务。世界上最流行的电子书发行模式就是出版社—终端用户。此外还有两种模式:通过硬件商的发行和通过涉足电子书的大型组织的发行。虽然销量不多,但电子书的确在销售。美国电子出版商协会(the Association of Electronic Publishers,简称 AEP,网址:http://www. welcome. to/AEP)于 1999 年 8 月开设了火箭电子书排行榜。小出版社和自费出版社出版的许多电子图书在亚马孙网上书店(Amazon. com)和其他网上书店的销售势头都不错。但是,直到这些书籍在网上书店获得成功之前,在传统书店还见不到它们的身影。这些图书的成功是因为通过互联网,作者可以与他们的读者进行一对一的联系。善于利用网络的作家已经通过网上论坛、新闻中心和聊天室闯出了名声。一些电子书经销商不愿透露销售数字,因为与传统图书销售相比,他们的经营实在是小得可怜。这样无疑是在说自己是短命鬼。因此,如果从商业方面来说,电子书业还仅仅是一个尚未发育成熟的、由技术元素组成的生态系统。由于电子书没有传统图书一旦畅销众人群起而效仿的特点,因此盈利的企业基本上没有,至少到目前为止是如此。

电子书需要各方的推广。胖脑公司(Fatbrain. com)和作家协会(Author's Guild,www. iuniverse. com)都已经宣布推广电子书的计划。自费出版早已不是新鲜事,但是它从来没有像今天这样容易和便宜。今天当一个出版商,简直是太容易了。只要有一本丹·波英特尔的《自费出版指南》(*The Self-Publishing Manual*),外加一台联网电脑就可以了。如果有人能够有效地发挥文学经纪人、编辑、出版商、宣传人员和发行商的功能,那么对于那些专门从事出版工作的人来说这将意味着什么呢?只有两个字“失业”。因此,传统出版业要想以新方式来满足读者的需求就意味着组稿、编辑、出版和宣传都需要更新和升级。

现在,最成功的电子出版企业也都涉足传统出版。例如,《文化市场》(*Literary Market Place*)和《作家市场》(*Writer's Market*)现在同时拥有印刷版和电子版。计算机培训书籍现在是两种版本同时卖。再如,圣马丁出版社同时推出印刷版和可供下载的数字版(双版),获得了意想不到的成功。出版社财务经理斯蒂夫说,出版社目前已经推出双版书 130 种。从 1998 年开始,圣马丁出版社开始推出双版读物。数字版读物包括 Rocket eBook、Soft Book 和 Palm Pilot 等版本。其中最畅销的是一般小说。由于电子书扩大了读者群,因此不会影响印刷读物的销售。

大型出版公司的实力就是他们能够驾驭发行、营销的错综复杂性与企业经营基本原理的结合。而资源短缺的小出版社就必须具有优秀的组稿才能，并且具有快速适应和反映局部读者与主流读者的不同兴趣的能力。从长远来看，按需印刷和电子书技术所造就和培育出来的图书出版商成功的机会不会太多。小出版社和大出版社的组稿编辑将会利用互联网来搜索和寻找合适的书稿、购买版权。当对一本书的市场前景真正吃不准的时候，最好的办法就是直接去找电子书或按需出版商。由此来看，对于出版社、书店和图书馆来说，电子书真正的利益和希望就是拓展了印刷读物的传播范围，提高了印刷读物的利润。

电子出版的另一个好处就是电子图书馆的出现。除了即时检索功能之外，电子图书馆还可以在任何时间供所有用户使用。里面的图书永远不会丢失。读者在借阅资料时不会像普通图书馆那样有时间限制。那么，电子书是否会在图书馆取代传统书籍呢？传统书籍的采购量有可能会大大减少，但所有的图书馆都将会依然采购传统图书。一本只可能销售2 000册的图书有可能被收录到电子图书馆中而卖给1万家图书馆。因此，出版者将得到一些收益，而作者也会挣到更多的版税。

那么，电子出版到何时才能成为图书出版的重要方面呢？对于培训资料和参考资料来说，时间已经到来了。而对其他类型读物的电子出版的未来还不可预知，因为技术更新的速度实在太快。也许打电子出版的擦边球不是一种明智的策略。但是由于出版业还很年轻，所以在不冒太大风险的基础上进行一些探索和尝试也未尝不可。

二、电子出版挑战

电子出版既不是先前人们所认为的金矿，也不是如今很多人所害怕的雷区。无论人们对它有何怀疑，电子出版仍是现在和今后出版业所必须面对的最重要的课题之一。

网络上大量的免费资源、在线订购服务及付费下载早已改变了出版商和作者获取报酬的方式。尽管这种变化的速度和程度都不及前两年评论家预测的那样迅速和强烈，但这种变化将越来越明显。这种变化给作者和出版商带来的并不是威胁，而是更多的机遇和收入。但这有一个前提,那就是出版商必须非常明智地利用电子出版方式。

就目前而言,出版业还没有就任何电子出版问题达成一致。但从整体上而言,出版界人士在经营观念上正从"以内容为中心"转向对出版形式的关注。不同出版主体——包括大众读物出版公司、学术出版社、技术开发公司及资讯公司等——都同意能否从电子出版中赚取利润主要取决于对以下几个问题的回答,即人们到底想在网上阅读到什么内容?哪些内容又是他们想在纸介质图书上阅读的?他们愿意为电子出版内容支付多少费用?免费或低价提供电子读物将在何种程度上影响到传统销售和出版公司的利润?

大众对于网络免费资源的渴望引起了出版商的忧虑。但同时为了树立品牌或者促进纸介质图书的销售,大多数出版商都提供免费的电子阅读资源。只是每个出版商所提供的免费资源数量不等。出版商一般的做法是提供品尝,即在网上免费提供热销小说的某一章或者是技术类图书的简介。有时,出版商还会采取在特定的时间段里将整部图书搬上网络的做法。资源图书公司(Sourcebooks)将乔纳森·哈里斯撰写的《抓住安伯尔》(*Seizing Amber*)传到网络让读者免费阅读。他们希望读者能品味一下这部作品,激发购买兴趣。资源图书公司经理对此评价说:"我认为互联网只能承载低价值读物。可能'免费'能诱发一个人去阅读电子图书,但实际上,这种阅读方式只能贬低这部作品的价值。"

国家学院出版社(National Academy Press)的做法要比资源图书公司大胆得多。国家学院出版社在几年前就开始将其每年出版的200多部作品全部搬上网络供读者免费阅读。该社社长认为提供网络免费阅读可以促进同本纸介质图书的销售。国家学院出版社内负责出版技术图书的主管认为,尽管有的读者会从网上下载一两段资料甚至打印出来,但如果这些读者想要进行更深层次的研究,他们就会购买这本图书进行深度阅读。他说:"出版商只是一味地担心网络阅读会影响到纸介质图书的销量,但从另一面来说,我们可以通过这种做法让读者先看一下这本书是不是的确需要。这对读者无疑非常有利,在某种程度上也有利于出版公司。"

国家学院出版社是一个有着双重目标的机构——一方面要做到自给自足,另一方面要将信息传播给尽可能多的读者。尽管这与纯粹的商业出版公司有所不同,但这位主管还是坚持认为国家学院出版社的做法将给后者带来一定的启发,进而带动整个电子出版业的发展。他还说:“许多商业出版商都是出版小说的。众所周知,几乎没有人愿意在电脑屏幕上看完一整部小说。既然如此,我们为何不利用电脑屏幕的这一弊端?商业出版商完全通过不理想的阅读方式来促进理想阅读方式的推广。”

另一个倡导提供免费网络阅读资源的人是光速公司(Lightspeed LLC)的总裁詹姆斯·里顿伯格。他认为出版业人士应当向音乐界人士学习,因为在广播上免费播放音乐极大促进了盒式磁带以及 CD 的销售。他说:“我认为出版商没有什么可害怕的。出版商应当让大众看到他们真正希望阅读到的东西——图书。”

但其他人却认为,网络免费阅读资源从近期来看可能影响不到出版公司的预期收入,从长远来看则可能造成出版公司重要收入的萎缩。企鹅·普特南公司(Penguin Putman Inc.)副总裁约翰·史林说:“总的来说,我不赞同免费或非常便宜的网络版本图书,因为这样势必影响到大众对纸介质图书的购买热情。”从目前的实际情况来看,人们宁愿支付 25 美元—30 美元购买纸介质图书而不愿意阅读免费的同版本的网络图书。至少大部分人是这样的。无论如何,电子图书出版倡导者认为,尽管从近期来看将图书搬上网络将促进纸介质图书的销售,但从长远来看,一旦人们认同手持阅读器的阅读方式,这种做法无疑将带来后患。专门提供在线征订服务的奎斯蒂亚公司(Questia)首席执行官认为:“尽管从目前来看有些出版公司通过将内容搬上网络赚到了更多的利润,但 10 年之后,这种做法定然会是‘搬石头砸自己的脚’。”

对大多数大众读物出版商而言,讨论电子出版策略都是纸上谈兵。而大不列颠百科全书出版社(Encyclopedia Britannica Press)却实实在在地体验了网络出版的滋味。1999 年,大不列颠百科全书出版社将其本已非常脆弱的百科全书搬上了网络。出版社最初的想法是由于很少有人会需要百科全书那样浩繁广博的信息,因而与其整套销售纸介质百科全书,还不如将其搬上网络,让读者各取所需,同时还可以赚取大量的广告费用。读者非常喜爱这个网站——每月的访问数量接近 1 000 万人次,但预期的广告费用并没有得到实现。同时,纸介质版本的百科全书销量也开始下降,这可能是由于读者可以在网上进行免费阅读,也可能是由于出版社减少了在纸介质百科全书销售上的投入。这样,大不列颠百科全书出版社的网络淘金梦就破灭了。后来,出版社对网络阅读收费——每月7.95美元,每年50美元。大不列颠百科全书出版社业务发展部主管说:"市场已经被分割了。有的用户喜欢在网上阅读,而有的读者则更喜欢阅读纸介质图书。"出版社的新策略是要从纸介质图书、有偿网络阅读及授权上获得收入。他说,要是每个顾客都购买纸介质百科全书,那公司当然赚钱,但实际上并不是所有人都可以为此支付1 300美元的费用,互联网的作用就在于使得出版社的读者范围扩大到了那些可能永远也不会支付1 300美元购买整套百科全书的人。他还说:"我想对我们而言,最重要的是要扩大收入的渠道,而不应当将整个收入都依赖于纸介质图书或是电子图书。"

对于参考书出版而言,网络出版是非常适宜的。因为这类图书的读者并不介意是通过屏幕阅读还是在纸上阅读。现在,一些出版商正努力将出版内容扩展或者进行整合以适应网络传播的特性。资源图书公司尽管对网络小说的销路持怀疑态度,但却正将一些专业类出版内容,如离婚法案或开业知识等搬上网络,读者可以付费后下载使用。尽管网络上也有同样的内容,并且还是免费的,但公司经理似乎并不为此发愁。这位经理说:"互联网资源最大的弊端就是信息过多,我们的竞争重点在于如何让读者获得他们真正需要的信息。"

当出版商决定将一些信息以电子方式进行销售时,他们往往面临着两个难题:是否应当以征订或者单本书为单位进行收费?定价是否应当同纸介质版本图书相同?

奎斯蒂亚公司和其他一些征订服务公司所能保证的是专业和学术出版商的某个电子出版内容每被订出一次就获得一次下载费用,它们无法保证只有单个人使用某个下载内容。而出版商似乎不太担心这种电子征订服务会影响到纸介质图书的销售。同时,目前这些征订服务商还没有能证明这类服务在未来必然是成功的。

如果以单本书为单位进行收费,许多传统出版商就坚持认为收费应当与同本纸介质图书相同,也就是每本精装书大约为25美元,每本大众读物平装书为12美元,大众版每本6美元。他们的理由是,如果对电子图书收费过低势必会严重影响纸介质图书的销售,同时还可能降低出版内容的价值并影响到本已薄弱的网络出版收入。这些出版商说,电子图

网络平台来出版、发行、购买和阅读网上电子内容,最终发展成为网上电子书发行通道。公司的产品火箭电子书阅读器能够储存4 000页的图文,是可供学生和商务旅行者使用的便携式图书馆。它能够检索或解释任何图书、查词典、调整字体和实现网络链接。一时不需要的图书可以存储到个人电脑上以备以后下载。

公司口号:展示电子出版新篇章,重整出版世界,开辟图书出版与阅读新方式。

经营情况:收入主要来自主打产品火箭电子书阅读器,市场零售价每部199美元(不过,经常降价)。

3. 电子实务公司(Ematter, http://ww. fatbrain. com/ematter/home. html)

电子实务公司开业于1999年10月。总经理是伊纳·格丁格尔。公司是胖脑网上书店(fatbrain. com)的数字出版部,出版数字化网络读物,包括图书、文章、评论、杂志等,然后通过因特网直接向消费者推销。在开业的前6个星期,有3 000位作者将自己的文稿送上网销售,其中不乏知名作家。出版社如汉普顿道路出版社(Hampton Roads)、奥雷里联合出版社(O'Reilly & Associates)以及《红鲱鱼》杂志(*Red Herring*)、《工业标准》(*The Industry Standard*)及沙龙网(Salon. com)等也提供了内容。

公司口号:欢迎进入数字自费出版天地。

经营情况:作者每提交一份文件需向公司支付1美元的委托组织费用,并按销售收入对半分成。

4. 电子宇宙公司(iUniverse. com)

这是一家按需出版新书和绝版书的网络出版公司,每月生产2 000种印刷书籍,目前还没有出版电子书的计划。该公司目前从事6个出版项目。例如,作家俱乐部出版社(Writers Club Press)负责出版新书;toExcel出版社(toExcel Press)出版绝版书;人民出版社(The People's Press)出版家史;作家展示屋(Writer's Showcase)和Kinko's EYP出版大学教材。

公司口号:点燃一场出版革命。

经营情况:iUniverse每出版一部新书收取99美元的手续费,并按20%抽取版税。但这远远无法抵销封面设计、印刷、上网等成本。不过,公司推出的两部作品已经被改编成电影,给公司带来不菲的收入。

5. 网络图书馆有限公司(NetLibrary. Inc. ,www. netlibrary. com)

网络图书馆有限公司成立于1998年,总裁蒂默西·史艾维熟悉技术和电子出版业。公司从出版社那里获得参考、学术及教科书的许可,并扫描制成数字化复制品,然后以原书同等或略低的价格出售给图书馆或个人。

公司口号:你的手袋里能装多少书?

经营情况:《华尔街时报》在1999年11月曾经报道说,80家出版社已经与网络图书馆有限公司达成内容许可协议,700家图书馆购买了电子书,1 000名个人消费者交纳了29.95美元的会费。到目前为止,公司的收入超过150万美元。

6. 软件图书出版社(Softbook Press,www. softbook. com)

软件图书出版社成立于1996年,是一家私营企业。总裁詹姆士·萨克斯是Macintosh鼠标的专利持有者。该社生产的软件图书阅读器(Softbook Reader)是第一个不必首先进入PC机就可以直接进入内容的电子书阅读器。该社还拥有一个受专利保护的以因特网为基础的文件发行系统。软件图书出版社所属的软件书店(Softbook Store)发行主要出版社出版的书刊电子版。该出版社还与微软公司联合主办一年一度的法兰克福国际电子书奖。

公司口号:互联网文件发行与阅读系统领域的先锋。

经营情况:目前的投资来自诺基亚和GE公司。其阅读器的零售价为599美元,或者定价299美元,再加连续24个月每月购买19.99美元的内容。

7. 出版在线公司(PublshingOnline. com)

出版在线公司成立于1997年6月,是一家内容转卖商,从出版社和作者那里获得内容许可,包装成多种形式之后在网上直接向消费者出售。据介绍,公司85%的许可协议是与出版社签订的,其余合同是与作者签订的。

公司口号:PublishingOnline. com是互联网首要出版社。

经营情况:收入主要来自销售提成。产品销售额中,出版在线公司占60%,出版社或作者占40%。

第四节

儿童读物出版业

一、儿童读物出版业:风景在变换

由于出版业在较短的时期内发生了如此多的变革,因此目前的出版业正处在出版史上最具革命性的一个时期。这些变革所带来的影响是非常深远的,而最明显的结果就是企业购并造成企业数量越来越少。出版社内部的竞争也越来越激烈。在图书零售领域,由于许多独立书店在连锁书店和网上书店的共同压力下被迫关门歇业,图书零售领域也发生了巨变,并对图书出版方式产生了影响。电子革命也开始影响儿童读物出版。互联网日益成为重要的销售窗口和信息源。出版公司纷纷制定电子书出版战略规划。面对新发展、新环境,美国业内人士发表了不同看法。

1. 购并的后果

哈珀·柯林斯儿童读物出版公司(Harper Collins Children's Books)平装书总编吉尼·希欧依据自己的经历发表了对问题的看法。她说:"像过去的哈珀·柯林斯出版公司一样,中等规模的出版公司越来越无法与大型集团相提并论。现在,哈珀·柯林斯在收购了默罗出版社之后也进入了巨头行列。"她认为,现阶段,在大出版社内部,确立企业底线比以前更加重要,"当你成为一家大集团的一部分,而且被要求每年要达到多少增长率的时候,你必须完成指标"。希欧认为哈珀·柯林斯与默罗出版社的合并所产生的结果之一就是"我们现在与连锁书店的交道增加了",公司书目中的"超级明星"比以前增多了。但是,她又指出:"以前经常打如意算盘的出版社现在基本上绝根了。原因是现在的书目大得惊人,市场营销难度加大,这是一个巨大的挑战。你必须寻求新的思维和创意来推销‘超级明星’之外的图书。这又是长期的挑战。”

随着大型儿童读物出版社越来越关注“超级明星”图书，要想让作者感到你在重视他们就变得越来越难了。一个主要的问题就是以前那些在书目中名列前茅的作者和插图作者现在降至次要位置。希欧说：“小出版社说他们能够向作者提供更加有针对性的、更具个性化的解决方案。但事实是这些作者的作品根本得不到推销。而在大型出版公司，起码有些推广措施是自动的。现在购买版权的企业越来越少。门外的竞争更加激烈。”但企业自有企业的优势。“大公司支付能力大，能够进行投资，也拥有更多的营销策略。他们能够挖掘许多领域的拔尖人才。”

斯蒂芬·罗克斯伯格于2000年离开大公司而开办了自己的儿童读物出版公司——前街图书公司（Front Street Books）。他与出版业正在延续的购并趋势保持着距离。他指出：“麦克米伦（Macmillan）、克诺普夫（Knopf）、哈珀兄弟（Harper & Brothers）、西蒙·舒斯特（Simon Schuster）都是由人创办的。西蒙和克诺普夫均是实实在在的人，而维阿康（Viacom）则不是。维阿康集团变得如此庞大，大得有些失真。现在这样的公司有5到6家。当这样的公司变成2到3家时，我不知道会是什么样子。”查尔斯布里奇出版社（Charlesbridge）是一家年出版新书20种到25种的中型儿童读物出版社。副社长马丽·安·萨比亚尽管不希望出版业出现只剩几个寡头的结局，但她也认为如果购并继续的话竞争也不会减弱。她说：“如果购并风潮继续下去，有两三家公司能够达到这样一种程度，即他们所控制的市场份额足以左右书价和折扣。”

西蒙·舒斯特儿童出版公司（Simon Schuster Children’s Publishing）执行经理阿兰·斯马格勒指出，拥有庞大书目的一个明显缺陷就是推销电话越打越长。“我们的推销人员都是身背重负。他们不仅要推销本社的图书而且还要推销我们代为发行的其他社的读物。这是一种挑战。我们听到推销电话越来越长。”新技术的出现也许会缓解这种局势。不过他认为利用电子手段可以提前发送书目，但最终还是由营销人员打电话，了解反馈信息，然后寄回报告。兰登书屋儿童出版公司（Random House Children’s Publishing）经理克莱格·沃顿说，他的公司带有“社中社”的味道。“贝塔斯曼出版集团的经营理念就是让所有的经理作为独立的企业主来管理各自的企业。今天，不知名作者的作品得以出版的机会也许越来越少,但是从另一方面来说,由于我们的企业巨大,我们能够提供更多的机会。而中小企业则承受不起犯错误。”沃顿认为,企业之间的购并将促使致力于专业出版的出版社的出现。事实上,这种事情已经发生了。年出书8种到10种的儿童读物出版社诺斯兰德出版社(Northland Publishing)社长大卫·简尼说购并给他的出版社带来了好处。“购并为我们打开了接触更多作者的大门,而这在以前是不可能的。”他发现,现在的经纪人常常在大腕作家要求下将其作品送交小出版社。“像我们出版的图书已经开始由狭小市场走向全国。”但是他补充说:“我们也必须面对现实,由于缺乏大企业的资源,小出版社不得不做许多工作方可取得成功。”而据萨比亚说,出版企业之间的购并也给查尔斯布里奇出版社带来好处。“我们得益于大企业的不足,比如他们缺乏对作者的亲身关怀等。此外,购并还常常造成裁员和书目减少。编辑离开了,还带走自己的作者群。我们发现许多作者和插图作者希望找到一个稳定的家,而我们正好能够为他们提供这样的居所。”正如哈珀·柯林斯的希欧所指出的那样,随着小出版社依然保持较小规模,而大集团继续因购并而扩大,小出版社和大集团之前的差距只会加大,不会缩小。这就是目前出版业所面临的现实。

2. 零售环境在变化

正如查尔斯布里奇出版社的萨比亚所指出的那样,在过去10年中,儿童读物零售窗口不断增加,比如专业市场、大众市场和互联网。她说:“零售市场现在变得更大了。这里有网络的影响。网络给图书带来更多销售机会。”西蒙·舒斯特的斯马格勒也持相同的观点。他说:“儿童读物的销售空间扩大了。巴诺连锁书店和鲍德斯连锁书店提供的空间越来越多。而网络空间更是无限。”不过,他又指出了一个正在出现的现实。“现在,书的生命绝对缩短了。这使得新书成为常销书就更难了。这是我们必须面对的挑战。”

近年来,面对竞争,有些儿童读物专卖店关门歇业,而有些书店则经受住了考验。迪斯尼全球儿童读物出版社(Disney Global Children's Books)社长里萨·霍尔顿指出:“即便是有亚马孙和其他网上书店的存在,儿童读物市场依然有销售空间,独立书店依然有重要的生存空间。这是值得肯定的。参加美国书展的许多独立书商都说自己的经营不错。”

尽管零售环境发生了变化，或者说也许正是因为这些变化，可供选择的多种零售市场才相继出现。企鹅·普特南青少年图书公司（Penguin Putnam Books for Young Readers）经理杜格·怀特曼指出："随着一些独立书店倒闭，其他类型的零售商相继出现。"但正如斯马格勒所说，这依然是一个迅速、起伏不定的市场。仓储式俱乐部市场已经发生了变化。要想在这一市场上取得成功更加困难。仓储式俱乐部对每周的销售额要求更高，这样一来，低价书所面临的境遇就更难了。但对于小独立书店来说，生存的空间还是有的。现在还很难说网络给图书带来新的销售额还是仅仅抢走了他人的销售额。不过有一点是肯定的，那就是市场上的图书更多。希欧说："在大书店找书真是无从下手。这种局面有些令人晕头转向。从这一点上来说，小书店就尤其有优势，因为它们的图书数量不多，更具针对性。连锁书店所面临的挑战就是如何保持大中有小的经营布局。"

3. 新技术的影响

新一代技术正在或者不久将会给图书出版带来影响。但亨利·霍尔特出版社（Henry Holt）编辑、Zooba.com 网站执行编辑马克·阿容逊说："在我的日常工作中，我一点也没有受到影响。除了在一些辅助领域，如网上售书已经参与网上目录服务等。而后者让我更多地接触图书馆管理员和书商。互联网的确影响到许多事物，但在图书方面，因特网影响的只是和传统图书打交道的方式，但却不是传统图书本身。"在许多方面，互联网实际上所肩负的是为小出版社铺平游戏场所的角色。前街出版公司的罗克斯伯格说："互联网使我成为全球出版商。在亚马孙和巴诺网上书店出现之前，我难以受到连锁书店进货员的重视或尊敬。现在，通过网上书店，我的书所受到的重视和展示机会与大出版社的图书一样多。"前街出版社的网站扩大了出版社的知名度，并成为一种有效的营销工具，大大优于印刷目录。

诺斯兰德出版社的简尼介绍说，出版社拥有一个在线书目。他认为，对于顾客来说，出版社的网站是一个巨大的资源，而且还为出版社节省成本，因为出版社不用支付印刷和邮寄目录的费用。不过，前街出版社和诺斯兰德出版社都说通过网上销售的图书并不多。开发网上营销策略是当今许多出版社所思考的一个问题。迪斯尼全球儿童出版公司的霍尔顿指出："我们已经看到因特网是以前我们从未遇到过的接触儿童的出色手段。儿童可以参与书评,并得到反馈。他们是历史上伴随互联网成长的第一代。我们还没有找到进入这一市场的途径,但我们必须进入,而且我们也取得了一些成果。人们都把这些年轻人视为网络市场。”斯马格勒也持类似的观点。他说:“这一市场就在那里,但进入这一市场总是一种挑战。我们还尚未真正了解如何利用因特网的广袤资源来进行图书营销。”

4. 电子书的出现

今天,人们谈论最多的一项新兴技术就是电子书。出版商们都知道电子书正在成为儿童读物出版领域的一个关键项目。沃顿指出:“没有谁真正知道电子书对我们来说意味着什么,但我们知道我们必须去面对这个问题。有关电子书的信息并不多,编辑们也不敢贸然跟进。”这样一来,在儿童读物出版领域就出现了这样一种趋势——拒绝电子书或至少先放一放。沃顿还指出,电子书技术本身还不太完善,尤其是对于四色图画书来说更是如此。

多数儿童读物出版商目前都在进行有关电子出版的战略研讨。霍尔顿说:“和所有人一样,我们也在与不同的公司进行接触,我们正在探讨迪斯尼电子书战略。”斯马格勒说:“就电子革命而言,儿童读物出版社并没有完全发挥其作用。我们正在考虑这个问题。我们需要的是儿童佳作。不过我认为,儿童电子书的受众应该是青少年,而不是儿童。”为此,西蒙·舒斯特正在考虑将常销小说制成电子书。斯马格勒说:“人人都想尝试一下,所以你一定也不愿意落伍。你知道事情在变,但你无法袖手旁观。你明明知道会犯错误,但你还得往里跳。”他还指出,电子书技术依然处在“孩提阶段”,需要继续完善。对于那些有能力在电子书阅读器上向书店展示其图画书校样的公司来说,书店在进货之前所希望看到的是图画书的全部。而利用电子手段展示一部图画书依然不同于捡起一本图画书,然后翻阅里面的插图。电子书在将来的一种可能的用途就是向书店和图书馆员提供小说样书。

而诺斯兰德的简尼则认为,在一个储存量扩大并能展示一部图画书的设备研制出来之前,电子书不会给儿童读物带来多大的影响。“这都取决于技术的发展。电子出版潜力巨大,但也极有可能成为潜力巨大的陷阱。”正如许多出版商所重申的那样,电子书永远也别指望取代和孩子一起阅读的真实体验。罗斯伯格说:"总而言之,人们需要的是内容。我们所追求的是出版优秀读物。不管是图画书、小说或影视读物,其内容必须优秀。实际上,伴随着技术的日新月异和图书市场的新现实,我们都应该比以前更加追求优质图书。"

二、儿童读物市场现状

在出版业为自己的惨淡销售寻找诸如"市场挑战"和"令人失望的直销"等借口之时,儿童读物出版商却正在为我们讲述一个令人愉快的故事。据美国出版商协会的统计显示,与 2002 年同期相比,2003 年 1 月到 10 月,儿童精装图书的销售上升了 41.5%。其中,《哈利·波特与凤凰令》(*Harry Potter and the Order of the Phoenix*)明显占据了一大部分销售份额。其他获得巨大成功的精装图书包括《滑坡》(*The Slippery Slope*,首印 100 万册)及《阿拉共》(*Eragon*),这些成绩证明《哈利·波特》不是唯一给市场带来冲击的图书。同时可以看出,儿童精装图书上升的销售业绩掩盖了儿童平装书销售下降 7.3% 的事实。相比较而言,从 2003 年前 10 个月的市场情况可以看出,主要的成人读物版本——平装本、精装本及大众市场本都在以每年一位数的速度下降。企鹅图书公司青少读物部经理杜格·怀特曼说:"我们对过去一年的成绩非常满意。我们虽然没有获得特别巨大的增长,但鉴于美国经济及其预算形势,我们也没什么好抱怨的。"他预计,当全年的统计出来时,公司的业绩肯定会好于 2002 年。在 2004 年到来之际,美国多数大型出版商都认为过去的一年儿童图书出版市场还是呈良性发展,销售增幅至少是一位数或更多。但这并不是一个平静的行业,有些版本的读物,渠道运作不是太好。随着图画书的销售下降,精装丛书也萎缩了。图书馆购买力也一直在呈下降趋势,不过大众市场却异常活跃,使形势有所改观。由于新书销量增长明显,再版书销售缓慢也不那么让人痛心了。西蒙·舒斯特出版公司儿童读物部经理里克·里奇特说:"你得考虑我们的业务非常多元化这样一个事实,我认为多元化对我们有好处。"

据美国书业研究集团的统计显示,2004 年,儿童读物出版商的国内销售额达到 19.8 亿美元,比 2002 年增长 11.2%。到 2007 年,儿童读物的销售额将会达到20.4亿美元。除了这些预测之外，出版商们还看到了令人鼓舞的迹象，包括经济的复苏，出版商期望这将会带来更多的学校和图书馆预算。与此同时，许多因素也会成为增长驱动力：其他媒体的营销也会带动相关儿童读物的销售，高定价精装丛书的流行、网上推广与销售，以及大型商业零售企业对图书的日益关注，等等。但这并不是说儿童读物出版商可以放松一下了。这些市场驱动因素在促进销售增长的同时也会迫使出版商重新检验自己的项目，并改变策略以适应新的形势。“竞争”是非常关键的。整个市场销售增长的同时，从竞争对手那里抢夺市场份额依然是一场残酷的游戏。所以，儿童读物出版商必须更加进取才对。哈珀·柯林斯出版公司儿童部经理说：“鉴于这种形势，我们如何推广我们的作者呢？我感觉儿童读物出版和成人读物的竞争激烈程度已经差不多了，而且我们经受的风险要超过成人读物出版商。”

1. 老书，新角色

在儿童读物出版商所必须面对的变化当中，最主要的就是再版书的销售趋势。怀特曼说再版书往年约占其销售的2/3，但在2003年却仅占52%。他说部分原因是由于学校和图书馆预算的减少。据美国图书馆协会在2003年年初进行的调查显示，与2002年相比，政府对图书馆的资助减少了，最多也是持平。与此同时，零售商对于备货也越来越谨慎了，尤其是再版书。学者出版公司图书出版与发行部经理说：“我认为零售商把重点放在消费者喜爱的新书和热门图书上了。”即便经济复苏了，学校和图书馆预算增加了，书店不那么谨慎了，出版商们还是担心再版书将会继续失宠。他说：“我认为新书的销售份额将会增长。首先是影视互动读物将会占儿童读物出版收入更大的比例，其次是大型丛书。”怀特曼认为，在未来，文化变化也会迫使出版商更多地关注新书出版。“我的确感到我们处在一个需求更多小说的社会，而我们也必须提供时髦的东西来保持消费者的兴奋点。”兰登书屋儿童图书部经理指出：“我们也不能过快地低估再版书在将来的地位。”他说自己刚刚开始挖掘公司在2001年收购的曾经两度破产的金色图书公司的宝藏。他已经将公司的部分拳头产品重新包装上市，总销量达到了25万册，因为读者有怀旧情结。

2. 图画书在走下坡路

在精装儿童小说流行的同时，图画书却在走下坡路。2003年上半书目前销售状况非常差的原因是很少有人真正喜欢这种出版方式，而不是因为价格太高了。另外还有一些出版商为了避免来自网络出版的竞争，甚至将纸介质图书价格降低20%—30%进行销售。对于那些迫切需要通过电子出版获得成功的电子技术公司来说，这种做法无疑是极端错误的。奎斯蒂亚公司主管销售的副经理说："出版商本身就不应当将纸介质图书的定价作为电子图书定价的基础或参照标准。"他还说："我认为出版商需要考虑的是'我能否在电子图书的定价上更加灵活一些?'。毕竟，读者已经形成这样一个定势，即电子图书的价格必定要比纸介质图书定价低很多。"由于现实销售的电子图书很少，因此，我们也无法从客观上来分析出版商如果以现行的定价方式进行网络出版，那么相对于传统的定价方式而言他们获得的收入是多了还是少了。从现实来看，一些传统出版商并不担忧电子出版方式会减少他们的收入。

圣马丁出版社(St. Martin's Press)首席执行官说："我们目前的核心业务仍然是纸介质图书。但同时我们也睁大了眼睛，伸长了耳朵，以便与网络出版保持同步。从目前来看，我们还没有看到网络出版将对我们的核心业务构成威胁。"

三、主要网络出版发行公司一览

1. 网络阅读公司(NetRead, www. netread. com)

网络阅读公司成立于1999年，其目的是使作者更容易地以各种形式出版图书——印刷、按需印刷、磁带版和电子书。为此，公司试图把网站变成一个出版基础知识信息的集散地。其用户包括作者、出版商、经纪人、印刷商和书商。公司的最终目标是使网站成为各种不同版本读物的发行商。

公司口号：出版接口。

经营情况：目前靠广告维持。

2. 诺沃媒介公司(Nuvomedia, www. nuvomedia. com)

诺沃媒介公司是一家私营公司，成立于1997年，目前与软件图书公司一起成为吉姆明星国际公司的一部分。总裁马丁·艾伯哈德是火箭电子书阅读器的研制者。公司旨在通过为出版商、零售商和终端用户提供年，消费者购买图画书的费用是2.226亿美元，2002年同期是2.41亿美元。出版社列举了一些原因，包括教师和图书馆购买数量减少以及书店在展示和销售图画书方面所显示的无能，此外，还有精装图画书的价格偏高和连锁书店政策的变化，等等。另一个重要因素就是高折扣，这使得消费者感觉花了冤枉钱。迪斯尼出版公司儿童读物部经理说："总之，我们的工作还是有问题，我们没有让读者相信15美元一本的图画书是物有所值。"她希望目前的这种下降趋势不会影响出版社对图画书的热情。不过怀特曼指出，儿童读物出版的循环特性常常受到人口和预算变化的影响。"我相信今后2到3年儿童图画书市场将有所改观，但眼下依然会疲软。"鉴于目前图画书市场的萎缩局面，出版社对名作家给予更多的关注就不足为怪了。

3. 网络：期望值不要太高

《图书趋势报告》显示，网络的出现虽然不像电影的影响力那么大，但是它对于儿童图书的销售来说却也是一种巨大的力量。尽管零售商们通过网页仅仅获得一部分儿童图书的销售，但他们在逐渐赢得市场份额。在2003年上半年，他们将消费者用于14岁以下儿童读物的消费金额的2.6%收入囊中，比2002年同期增长了2%，比2001年同期增长了1.8%。其他儿童图书的销售也在网上表现活跃，包括《阿拉共》、《滑坡》、《墨水之心》和《贼王》等。

出版商们预测，随着家长越来越喜欢网上购物，更多的儿童图书销售将出现在网上。值得指出的是，大部分儿童图书需要吸引的是家长的购买欲望，而诱人的插图、良好的手感是网络无法传递的。不过有的出版商说，尽管网络销售有所增长，但不会有好戏可看，网络仅仅是卖书的地方，毕竟不是书店。网络的价值不仅仅体现在可以作为售书渠道，还在于它能够接近青年读者。当你谈论青少年读者时，网络的价值是巨大的。网络已经成为迪斯尼公司营销机器不可分割的一部分。该公司常常利用网络来宣传他们的图书和电影。2003年12月，迪斯尼公司设立了一个网页来促销他们推出的丛书《巫师》(*W. I. T. C. H.*)。W. I. T. C. H. 是5个女孩的名字缩写，在近40个国家翻译出版。如果网络营销按预期的那样运行，那么中学生将会提前为之而发狂的。

出版商指出，传统书店仍然是其关键的市场，独立书店的情况较为复杂。不过,《图书趋势报告》显示,书店(包括独立书店和连锁书店)在2003年上半年销售了全部儿童读物的19.8%,上一年同期是16.3%。从销售额来看,书店的销售份额由2002年上半年的24.5%增至2003年同期的26%。

尽管书店依然具有强势,但出版商们却把书店看成是一个增长潜力有限的"成熟"市场。随着儿童读物出版商对更高销售额的追求,非传统图书渠道的机会也许就来了。出版社已经对沃尔玛的重要性作出了反应,开始向他们供应大众市场读物。例如,学者出版公司新推出的彩色手工读物就是针对这一市场的。

第五节

磁带书

赢得顾客并让他们快乐是任何行业存在之要旨。但对磁带书出版商而言,如何在浪潮涌动的纸质出版物夹缝中赢得顾客就已经是一项非常困难的挑战了。《出版商周刊》最近就如何赢得新听众的话题与一些磁带书出版商一起进行了探讨。

"试一试,您就会喜欢上它"是今天最广泛的口号。磁带书出版商也对这一点深有体会。事实上,很多磁带书出版商都有过将产品推荐给别人,别人就喜欢上磁带书的经历。因此,"试一试,您就会喜欢上它"也可算是磁带书出版商商业推广的基础哲学。

近年来,磁带书样书——由从各种磁带书摘取的片断组成的促销宣传品——是磁带书出版商采取的最主要、也是最有效的宣传方式。每年7月是美国磁带书出版商协会(Audio Publishers Association)的促销月,在这个促销月中,磁带书样书起到了重要作用。此外,有些磁带书出版商在新产品出炉之前,会向最主要的经销商和著名评论家提供磁带书样书。

高桥磁带书公司(HighBridge Audio)的玛丽亚曼·斯克担任着该公

司市场营销协调工作，每年9月，高桥磁带书公司都要向BookSense网站提供各种磁带书样书——这是公司的一贯做法。尽管向零售商和图书馆提供磁带书样书可能会带来机遇，但同时，磁带书出版商也知道有时这种赠品会对产品上市形成一定不良影响。哈珀磁带书公司(Harper Audio)副总裁卡里·卡尼亚对此就有同感。他说："无论是磁带书实物样书还是为电台提供播放样书，尺度都是相当难以掌握的，不足可能会让观众认为没有什么吸引力；但过度也可能引起观众感觉再行购买就不值得了。"许多业内人士对此持有同样的想法。

把磁带书与其他商品捆绑起来进行销售也是美国磁带书出版商经常尝试的销售方式。西蒙·舒斯特就是通过这种销售方式获得巨大成功的。西蒙·舒斯特与美国大型连锁石油公司Valvoline Instant Oil合作，当司机在Valvoline Instant Oil的连锁加油站加油时，就可以获得积分，当积分达到一定程度时就可以在西蒙·舒斯特的分销商Media Play的连锁店里获得免费的磁带书。而西蒙·舒斯特则从Valvoline Instant Oil的获利中分得一杯"羹"。西蒙·舒斯特由此获得了相当的成功。Media Play公司的销售协作负责人罗宾·伦哈德提到："在Media Play积分提供的7种商品中，磁带书是最受欢迎的赠品。在Media Play的调查中，选择磁带书赠品的听众中，超过一半的人之前从来没有购买过磁带书。在这种捆绑销售中，我们和石油连锁店是双赢的，我们的产品推广到了更大的范围，盈利能力也得到了提升。"此外，西蒙·舒斯特还与General Mills面粉公司共同开展了一场规模空前的磁带书促销运动。在这场促销活动中，General Mills在其55万份套装的谷类食品包中装入了西蒙·舒斯特的磁带书作为赠品，在另外的General Mills的谷类产品中，顾客可以自由选择由西蒙·舒斯特提供的几种磁带书赠品中的一种，后者的规模也将超过百万。

布里安斯磁带书公司(Brilliance Audio)则进行着一场史无前例的磁带书听众推广"运动"。这场运动无论是图书出版商还是磁带书出版商都几乎无法预想。公司建立了一个网站名为"www. ilistentobooks. com"，这个网站不是为了销售磁带书，而是磁带书爱好者的乐园。在这里，许多磁带书爱好者之间建立了联系，可以共同分享由布里安斯磁带书公司出品的磁带书。当一个磁带书爱好者听完了由布里安斯磁带书公司赠送的磁带书后,可以通过"www. ilistentobooks. com"获知可以将磁带书放在某个地点,让下一个听众继续免费使用。通过这种方式,磁带书在各个磁带书爱好者之间开始传递。特别有意思的是,在各位磁带书爱好者之间传递的磁带书上都贴有一张相同的标签,上面写着:"我没有迷路,我只是在转圈。"公司所有的赠品都有一个独特的编号,通过与各位听众之间的交流,公司可以得知每一部磁带书的具体位置,并在与磁带书爱好者的交流中得知这种方式非常吸引人,并且很多时候,磁带书流到了一些从来没有听过磁带书的听众手上。

与此相类似的是以非常优惠的价格销售磁带书。这已经为许多磁带书出版商所采纳。从 2002 年 7 月开始,西蒙·舒斯特磁带书出版公司就推出了一个名为"Encore"的系列磁带书产品,这个系列收录了西蒙·舒斯特磁带书出版公司出品的非常有收藏价值的经典磁带书。西蒙·舒斯特磁带书出版公司这次既大大降低了价格,同时又扩大了销售的区域:在一些大型超市进出口处设立了销售点。

磁带复兴公司(Audio Renaissance)的公关和销售部主管迈克尔·达赫迪一语道出了许多磁带书出版商的心声:"对磁带书出版商而言,最重要的是找出消费者真正的需求。"的确,磁带书销售最基本的商业原则就是制造适宜的产品,满足消费者的需求。达赫迪又补充说到:"我们只有了解消费者的需求,才能决定制造什么类别、什么形式(比如 CD、磁带还是 MP3)的产品。"西蒙·舒斯特磁带书出版公司的达纳指出:"近两年来,我们几乎同时发布磁带和 CD 形式的产品。这是我们市场研究的结果。"

美国出版商协会也积极与汽车和消费者电子行业的协会机构进行接洽,希望能为磁带书提供更多的销售区域和渠道。尽管各种努力都给磁带书的发展提供了良好的契机,但就磁带书本身而言,还有许多值得思考的问题。首先,就磁带书的载体而言,并没有像大多数人所预想的那样,朝着某个理想的方向发展,而是至今还没有明确的发展方向。其次,在内容上,磁带书还是有许多需要改进的方面。达赫迪就曾评价说:"我们一直试图购买最热门的题材和内容,但在购买的过程中,我们发现,许多大的题材可能意味着更多的花费,其中包括版权和制作费用,但市场销售可能并不一定如意。当然,我们还会尽自己最大的努力的。"

无论西蒙·舒斯特磁带书出版公司还是时代华纳磁带书出版公司都相信,对于内容的选择是吸引新听众的关键所在。西蒙·舒斯特磁带书出版公司的达纳回忆说:"10 年前我们曾制作了《双峰》(*Twin Peaks*)的磁带书,该磁带书由于同名电视剧的热播而非常畅销,《双峰》的销售达到了 10 万部,在当时而言,这是非常惊人的。但今年我们在类似的情况下并没有达到理想的效果,可以想象如果斯蒂芬·金的《骑弹飞行》可以只发行磁带书的话,那么,磁带书就可以吸引很多的斯蒂芬·金迷来收听磁带书了。因此,我们应当在开拓和开发磁带书题材方面投入更多,而不是一味地跟从热门电视或电影。这也将成为西蒙·舒斯特磁带书出版公司的努力方向。"另一家磁带书出版公司真实音响磁带公司(Sounds True Audio)的营销和公关部经理比维里·亚茨对磁带书的题材和内容选择显然别有一番想法。他说:"我们发行了一个名为《初学者指南》(*Beginner's Guides*)的系列磁带书产品,通过这部产品的销售,我们发现听众对那些他们好奇但又不愿意花太多钱去购买书或 DVD 的内容感兴趣。我想,这对磁带书选择内容可能是个很好的启示。"

时代华纳磁带书出版公司的汤姆斯也相信,对于内容的选择是其公司达到既定战略——赢得青少年听众——的关键所在。他说:"青少年是我们公司努力的方向。这是我们市场研究的结果,我们在研究中发现,45 岁甚至更老的人听惯了免费的广播,对于花钱购买磁带书可能不是那么习惯;而青少年显然更易于接受新鲜事物,但题材内容是至关重要的,例如,R&B 就是青少年所喜欢的。"时代华纳磁带书出版公司为此对原有的网站(www. mytimewarneraudio. com)进行了更新升级,其要旨就是吸引青少年听众。

一、更好的制作

除了选取适宜的内容和体裁外,选择合适的磁带书叙述者也是吸引新听众的有效方法之一。在现今的磁带书出版行业中,许多舞台、银幕和电视的男女主角都不断加入到担当磁带书叙述者的行列中来。在 2002 年纪念凯德蒙唱片发行 50 周年的盛会上,哈珀磁带书公司邀请一些超级巨星加入到磁带书的制作行列当中来。该公司的卡尼亚对此评价说:

“邀请影视超级巨星来担当磁带书配音工作会增加成本,也许不会带来更多的利润,但无论如何,这可以提升行业的应用范围,有利于整个磁带书出版行业的成长。”兰登书屋磁带书出版分公司的公关推广部经理玛丽·贝斯·罗克说:“我们在适当的时候也会邀请名人来叙述。比如当著名的品牌和著名的叙述者碰撞到一起的时候,我们相信这样可以吸引更多的听众购买磁带书。”

事实上,从过去的10多年来看,尽管磁带书出版商将磁带书作品搬上电视进行宣传比较罕见,但他们已经越来越重视使用各种纸质媒体作为宣传阵地,吸引听众。罗克对此评价说:“我们比较重视在比如《娱乐周刊》(*Entertainment Weekly*)和《新闻周刊》(*Newsweek*)上作产品宣传,当然也可以选择名气更小一些的《磁带书档案》(*AudioFile*)进行宣传。”兰登书屋磁带书出版分公司最近还成立了网站(www.audiobookstoday.com)来推广其磁带书产品。时代华纳在推广其出品的幽默大师大卫·西得里斯的作品时,广播帮了他们大忙。全国公共广播电台(National Public Radio)和一些校园内部广播不断的播放,使得这部作品成为经典之作。卡尼亚说:“全国公共广播电台是个很不错的宣传渠道,它的传播范围非常广泛,我们通过NPR的的确确赢得了很多的新听众。如果机会合适,我们有时还通过地方性广播电台进行宣传。”

广播也是西蒙·舒斯特磁带书出版公司选择的宣传渠道之一。西蒙·舒斯特磁带书出版公司选择了一些全国性的广播电台在黄金时段播放其出品的磁带书片断摘要。达纳说:“这是我们公司第一次投资广播进行磁带书宣传,我们期望更多的人喜欢上磁带书。”实际上,并不是所有的磁带书出版商都有足够的资金或能力邀请名人加入到磁带书的制作中来。对于小型磁带书出版商而言,针对的市场区域要更小一些。真实音响磁带公司的亚茨说:“我们对于在Wild Oats和Whole Foods Markets等天然食品店里销售磁带书的成绩非常满意。我们每月都在这些食品店里投放新的磁带书产品。此外,我们的磁带书题材当然也会比较符合天然食品爱好者的口味。”

总部位于缅因州的独立磁带书出版商磁带书架公司(Audio Bookshelf)也不断尝试发现新的磁带书市场,其出版商说:“我们的产品在美国国内许多公园的礼品店里都有销售,我们的零售商毫无疑问每天都在挖掘新的磁带书听众。可喜的是,回头客越来越多。”

二、零售方式走向成熟

在过去数年里,对于磁带书出版商而言,最值得欣慰的一件事就是磁带书的零售方式正走向成熟。鲍德斯连锁书店的法尔说:“为了赢得磁带书听众,我们可谓煞费苦心:不断更新销售的产品,不断迎合他们的口味调整产品结构,对于同一种产品提供多种载体形式,对于重版的磁带书我们更是小心翼翼地选择最好、最值得珍藏的产品……”他还指出:“通常来说,磁带书的零售会单独地陈列在某个区域。但是我们现在非常注意把磁带书和图书甚至影视作品摆在一起进行销售。而且可以说,相对于将磁带书集中起来进行销售,将同个产品的多种形式集中起来进行销售可能更有效。”全美最大的连锁书店巴诺书店现在也非常重视磁带书的销售。巴诺书店对销售排在前 15 名的磁带书还提供 15% 的价格优惠。

兰登书屋的罗克对全美最大的两个连锁书店关注磁带书销售感到非常高兴。他说:“我们曾经在连锁书店内进行过一系列的调研。我们的市场研究发现,把磁带书从磁带书集中区域拿出去而与图书协同进行销售要有效得多。”他还援引“Listen While You Cook”运动作为例子。这个运动旨在推广烹饪题材的磁带书,在该项运动推广中就采取了将烹饪图书和磁带书放在一起销售的方法,起到了不错的效果。

提高磁带书销售还有一个有效途径,那就是提高磁带书外包装。时代华纳磁带书出版公司的汤姆斯说:“市场研究表明,许多顾客购买磁带书的目的是送给别人,因此,在外包装上做些文章显得尤为有效。有时为了能促进销售,您可以选择与图书或影视同种风格的外包装,以便于顾客购买后一并送给别人。”

第六节 图书发行

一、一般图书销售

每个出版单位都有自己的销售系统。文献和专业图书、图书俱乐部和邮购图书依赖于邮购活动。中小学教材的销售渠道则不同,他们的销售员通过向能确定是否购买图书的决策者介绍并推销教材,而不是靠招徕订单来销售这些教材。不同州对教材的选取有很大差异。在某些州,如加利福尼亚州,整个学校的教材选择都由州立教育理事会统一决定。有的州则不同,他们允许各个地区的学校依据自己的实际情况,独立选择适合自己学校的教材。还有一些州甚至会为每个学校提供多套可选的教材。大学教材则一般都是由教授自己确定。为推销图书,销售人员会直接和每个大学里的教授联系,向他们展示自己的图书及阅读材料。通常情况下,出版社首次印刷的图书基本上都馈赠给了这些教授,意图达到销售自己图书的目的。

所有这些教材一般都以20%的折扣出售,所以对出售大学教材的书店来说,除非销售量很大,否则他们基本不会仅满足于20%的利润。大众图书和大批量的平装本大都通过零售书店出售给消费者。这些图书的平均折扣大约是45%,而大批量的定购则经常能享受到50%—55%的折扣。销售机构不仅包括书店,还包括图书批发商,如贝克·泰勒和英格拉姆(Ingram)等。这些批发商反过来又接受书店和图书馆的订单。图书批发商能比出版社更快地将图书运输到各个地方,而且他们还发行了多个出版社联合使用的发票,简化了付款的过程。因此一般情况下,即使从批发商那里购买图书的折扣比较少,书店和图书馆还是会通过他们购买图书。另一个最近几年比较显著的发展表现在迅速发展起来的连锁店，如B. 达尔顿（B. Dalton）和沃尔顿（Walden），连锁店的联合定购能享受更多的折扣。

几乎每个书店在某个时期都有整理出的特价书列表，这是由于出版社存储了过多的高价图书而导致了"滞销书廉价出售"。以下一个例子就是这种情况：出版商印刷了10 000册书并欲以50美元的单价出售，假设第一年售出4 000册，接下来的两年内可能会又售出2 000册，那么其余的4 000册图书将成为滞销的库存书。为了弥补最初的印刷代价，这些滞销书将不得不以低于定价的价格出售，如15美元一本，这样做有利于出版社回笼资金，并用于进一步的发展。

美国书商协会（ABA）和美国图书馆协会（ALA）都有每年一度的展览。在展览中，ABA以新图书和即将到来的圣诞促销项目吸引了大量感兴趣的图书销售商；而ALA则以青少年用书和文献类图书引起了图书管理员的广泛关注。首次发行的青少年用书至少都有2 000—3 000册是出售给图书馆的，因为很多小孩子的父母都喜欢从图书馆借适合青少年阅读的图书，而不是自己去买书。这些图书因频繁的借阅而破损，图书馆也不得不一次又一次地重新订购。

大批量的平装本图书的销售主要依靠被称为自由销售者（ID）的专业销售人员。他们不仅服务于书店，其他的诸如机场、药店、报摊、固定摊点等地方也是他们的服务领域。

二、特殊销售

（一）特殊销售

1. 特殊销售的定义

所谓特殊销售，就是指出版商除了通过书店这一传统渠道销售图书之外，还通过其他众多的渠道来进行销售，这些渠道包括大宗商品销售点、图书俱乐部、邮购及在一些兼营书籍的专门商店，如在食品店销售烹饪方面的书，在自行车商店销售自行车维修方面的书等。特殊销售这一领域产生了一些极具创造力的图书销售方法，它们已经成为美国许多出版商重要的利润增长源。非书店零售点除了销售书外，还进行其他商品的销售，提供广泛的服务，这些可能与图书的内容有关或无关。例如，一本棒球方面的书，既可能在体育用品商店很好销，也可能在礼品商店或理发店销得很好。只要图书的选题迎合了商店中顾客的心理，即使放在非传统图书销售点的书也会相当好卖。美国工业决策人普尔·多布勒指出，特殊销售是基于一个前提的，即书的消费已经成为人们生活中的一部分，人们不把阅读割裂成一个孤立的活动，而是不断把通过阅读获得的知识运用于别的行为活动中。

2. 特殊销售的方法

美国的出版商是怎样把书卖给特殊图书销售点的？可以说，他们使用了各种各样的方法。在这些方法中，若从效率方面看，邮购是使用得最广泛的一种。特殊批发商、电话售书和特殊销售代理商分别是出版商使用得较多的方法。若从经济效益方面看，邮购是最普通的用于接近特殊零售客户的销售手段，而特殊销售代理商、特殊批发商、电话售书分别次之。销售方法和出版社的规模存在着明显的差别。一般来说，小出版社趋向于更多地使用普通图书代理商和特殊批发商来把书卖给特殊图书销售点，中等规模的出版社多是依靠电话售书。而大出版社更多的是使用特殊销售代理和特殊批发商来把书卖给特殊图书销售点。

许多研究结果都显示，专长于某一特殊领域的出版商一般都使用确定的方法来卖书给特殊图书销售点。例如，出版园艺、如何自救和旅游图书的出版商比专长于别的方面的出版商更适合于用邮购的方法来把图书卖给零售商。出版烹饪图书、文艺图书、绘画图书的出版商多使用普通图书代理商。而出版商业、计算机、工具书、户外图书、运动图书的出版商使用特殊批发商的比例比出版其他类图书的出版商要高。出版商选择特殊销售的方法主要由以下几个因素决定：

（1）出版商所出图书的类型；

（2）介入特殊零售市场的时间和程度；

（3）特殊批发商的实力是否雄厚或在市场上能否很容易地找到销售代理商；

（4）出版商使用各种销售方法的最初经验。

（二）网络出版的实现

1. 出版物的制作

对于以往的出版物来说，其排版系统不论是批处理还是所见即所得（WYSIWYG：What You See Is What You Get），都有各自的标记格式和加注方法，不同系统之间没有统一的格式，无法实现彼此之间的信息交换，所以不能满足出版网络化的需要。

国际标准化组织针对这一问题发表了 SGML（Information processing text and office system-standard generalized markup language，ISO8879：1986）。我国相应的 SGML 标准于 1995 年底公布，编号为 GB14814。SGML 的设计目的是使文件信息与设备无关、与处理系统无关、与应用无关，甚至与所用的语种无关。它旨在在各个独立的系统之间架起桥梁。SGML 用描述文件逻辑结构的方法，做到制标的通用性，并有一系列的声明（declaration），使各系统之间能够相互“理解”文件信息与制标，从而使得出版的网络化成为可能。

目前，我们的网络出版商通过 Internet 提供自己的出版物时所使用的 HTML（Hyper Text Markup Language）语言就是 SGML 的一个子集。通过 HTML 语言编制的超文本（Hyper-text）或超媒体（Hypermedia）的文档（其中包括出版商所要提供的信息资源和一些连接到其他服务器上相应文档的连接信息），出版商可以向网上提供各类信息资源，如声音、图像、动画和文本等。

2. 出版物的发行

在网络联系你我他的时代，“天涯若比邻”不再是一个难以企及的梦想，通过网络开展出版物的发行宣传工作的优越性不言而喻。虽然出版商需将出版物的具体信息保存在自己的网点上，并设有保密措施以确保阅读此信息的人为购买者；但也可将广告宣传信息通过网络免费地发送给网上的所有用户。这样不但可以省掉以往广告费用的一些开销，还可以使得宣传工作达到最好的效果，即让更多的人了解、知道它，从而赢得更多的读者。

从另一方面，读者购书只需要坐在电脑屏幕前，敲打着相应的计算机命令，利用计算机从浩繁的信息中查找出所需购买出版物的相关信息，如广告宣传信息、新书预告、内容简介等。确定所需出版物后，购买者只需向出版商的网点发送购书通知并采用电子货币的方式付款。出版商获知这一信息后，就将该购书者纳入可以访问本网点信息的用户集合中，于是已注册的读者在以后就可以毫无阻挡地询问所购的信息了。

在网络中通常采用的信息相互交流的技术是 E-mail，它是 Internet 提供的最初的功能，也是应用得最广泛的功能。实际上，大多数用户就是从使用电子邮件开始接触 Internet 的。E-mail 快速且价格低廉，并允许广播式发送，这样，一个用户可以同时向许多人发送信息，当需要在某个群体中发布通知或征询意见时，显然这个优点非常突出。目前利用电子邮件最新开发的一项功能是电子期刊（E-Journal）。电子期刊以电子邮件的方式传送给它的订购者，电子期刊的订户可根据需要订购整本期刊，也可订购期刊中的某些文章，随着纸质印刷品价格的成倍增长，电子期刊将会越来越普及。以教育界为例，该领域的主要出版物 *Chronicle of higher education* 和 *New horizons in adult education* 已经开始有电子期刊版本。

3. 无纸的付款方式——电子信用卡

在网络充当着人和人之间联系纽带的同时，人们的付款方式也开始借助于网络。因为由网络联系起来的人或许位于地球的不同角落，他们之间由网络实现间接的“面对面”交流，故其相应的付款方式也只能采取网络的远程付费方式，电子信用卡由此应运而生。

第二章

英国出版业

出版业是英国最有活力的产业之一，年总产值高达120多亿英镑，在欧洲仅次于德国，其出版产业总值约占国民生产总值（GDP）的1.98%—2%。1997年版的《惠特克年鉴》所列的产业目录中共有11类，但出版产业不在其中。这些类别按照产业规模排列顺序依次为：

电子、供气供电业

金融中介、房地产和租赁业

制造业

批发、零售、旅馆和修理业

教育、卫生与社会事务

交通运输与仓储业

公共事业、国防与安全

建筑业

采矿业

农林牧副渔业

其他

从这个产业目录来看，产值最高的是电子和供气供电产业，最低的是农林牧副渔产业。出版产业的规模与后者不相上下。

第一节 出版业概述

英国出版业历史悠久，它在大众、教育、学术和专业书籍方面有着庞大的国内市场；而且，作为全球语言的英语，其重要性使得英国出版业在国际上也拥有很大的市场（2004年在国际市场上的收入为13.6亿英镑）。最近几年，许多家族企业在非纸传媒和其他行业中获利，并通过并购重组的方式成为控股公司或国际集团的成员。全国性的出版业协会有出版商协会（1896年成立）和英国与爱尔兰书商协会（1895年成立）。

2004 年,约有 2 275 家出版商登记增值税,前 5 名占 50%(1993 年约有 2.5 万出版商包括出版机构,每家至少出版一种刊物,结果大约有 50 个公司占据了销售额的一半)。出版商通常不发行杂志(主要是通过批发和零售报刊经销商来发行),但像学术、科技和专业类公司可以签约出版杂志。2004 年英国出版了大约 161 000 种新书。学术和专业出版物虽然发行量较少,但盈利颇丰。

垄断是英国出版产业最为显著的特征之一。英国出版产业为 6 大国际集团所控制。这 6 大集团分别是:新闻公司集团、培生集团、励德·爱思唯尔集团、汤姆森集团、联合新闻与媒介集团和每日邮报与大众信托集团。这些集团可以说个个都是靠多种经营起家的。它们不仅经营书报刊的出版和发行,而且还参与电视和多媒体出版。但这并不是说摊子铺得越大就越好。20 世纪 90 年代以来,英国出版业一直处于一种兼并与反兼并的动态之中。这也是其保持活力的原因所在。1996 年 2 月,旗下拥有多家消费和教育出版社(章鱼出版社、赛克出版社和海里曼出版社)、STM 公司及专业出版社(巴特沃思出版公司)的英国最大的出版商——励德·爱思唯尔集团卖掉了其地方报纸之后,又很快出售其图书出版部分,并与全球最大的媒体公司之一的荷兰爱思唯尔公司合并。汤姆森集团也卖掉了其地方报纸。而新闻公司集团则卖掉了其所属的哈珀·柯林斯出版公司的一部分。因此,英国出版业一直是处于一种调整状态。

一些独立自治的公司,如麦克米伦出版集团、海德兰出版集团、牛津大学出版社和剑桥大学出版社,为了竞争和优势互补的需要,组合成出版业大型集团并扩充了出版书籍以外的业务。比如加拿大的国际汤姆森集团拥有罗德里格出版社(学术类)和纳尔逊出版社(教育类);德国的贝塔斯曼集团下辖盈利性图书俱乐部和自己的环球出版公司(包括柯基公司);培生集团有多个学术和医药公司(朗曼和邱吉尔-利文斯顿出版公司),以及面向大众的出版社(企鹅出版集团)。许多合并的公司并未对员工和作家进行大的人事改组。从 20 世纪 80 年代中期开始,一些大型出版集团兴起,其中包括布鲁姆斯伯里出版社、猎户座出版社和收购了有 125 年历史的哈德公司的海德兰出版社。现在,许多集团实行纵向一体化,适时发行已有精装本的平装本版本或推出原版的平装书。

第二节

四大出版集团

一、新闻集团(News Corporation)

新闻集团是世界上最大的传媒集团之一,2002年收入约为290亿澳元。新闻集团在全球各地均开展业务,在美国、加拿大、英国、澳大利亚、拉丁美洲地区和太平洋地区业绩表现都非常出色。在2002年营业收入中,按地区来看,新闻集团在美国的收入占其总收入的70%,在英国和欧洲其他地区的收入占23%,在澳大利亚的收入占7%。

在业务构成方面,主要业务包括电影娱乐、电视、卫星和有线传播、报纸、杂志和图书出版、数字产品。其中,电视、电影娱乐在新闻集团中占据了绝对的优势,而图书出版占的比重较小。

从发展历史来看,新闻集团走的就是一条快车道,即通过不断的兼并活动取得公司规模和效益的不断提升。1954年,默多克接管了澳大利业的新闻有限公司,并相继收购了分布在澳大利亚各州府的多家报纸。20世纪60年代后期,新闻有限公司开始向海外市场发展,首先收购了英国的《世界新闻》,然后又购入英国的《太阳报》;接着于70年代初买进多家美国报纸。这些举措使公司所经营的报纸数量急剧增加。1979年新闻有限公司扩大业务范围,首次在澳大利亚的悉尼和墨尔本两地投资电视产业。到1980年,公司的业务已遍及欧洲、美国与澳大利亚。为了更好地管理和协调公司日益扩大的业务,默多克成立新闻集团。20世纪80年代,新闻集团先后收购了伦敦的《泰晤士报》、《星期天泰晤士报》及世界上最大的英文图书出版公司之一的哈珀·柯林斯出版公司。与此同时,新闻集团进入竞争异常激烈的美国电影电视市场,收购了二十世纪福克斯公司，并组建了全美第四大电视网——福克斯电视网，由此开始了新闻集团对电视节目制作与播出的大规模投资。

全球化政策和本地化政策的结合是新闻集团发展的又一战略。全球化是指业务发展的范围要覆盖全球尽可能多的国家和地区，本地化是指对于某个业务组成部分，在地区经营上必须注重结合地区特点和各种背景，找到全球化和本地化的最佳契合点。无论是以合作还是独立方式，新闻集团将每个国家或地区都看成是特殊市场，努力使服务本地化，为当地居民提供他们最感兴趣的节目。

二、培生集团（Pearson LC）

培生集团是世界上最大的出版公司之一。2002 年，集团销售收入达到了 43.2 亿英镑。培生集团已经在全球 60 多个国家和地区开展商业活动，从目前来看，虽然总部设在英国，但北美无疑是其最主要的阵地（占其销售总额的 70%），当然，其他地区也都有不俗的表现。

目前，培生集团的业务主要由三部分组成：培生教育（Pearson Education）、《金融时报》集团（*the Financial Times*）和企鹅公司集团（Penguin Group）。从数量上来看，培生教育在总体销售中的比重最大，达到了 54%（由学校教科书、高等教育与专业出版三部分组成），在利润中也占据了主要的份额。

培生集团下属的培生教育是世界领先的教育出版公司，其教科书、多媒体学习工具和考试工具所服务的对象数量超过世界上其他任何私有机构，其服务对象超过 1 亿人；培生教育所属有斯各特·弗里斯曼（Scott Foresman）、普林迪斯·豪尔（Prentice Hall）等多个著名品牌。在美国，每三个孩子中就有一个人使用的是培生教育出品的教科书，仅在北美，培生教育所服务的对象就包括美国所有 5 300 万在校学生和 300 万教师。其下属的《金融时报》集团是世界范围内商业和政治新闻信息、评论的权威来源，它通过报纸和网络的方式比其他任何公司都更深刻影响着商业和投资人士的决策，其服务对象超过 400 万人；来自 64 个国家的 500 多位专家为其撰稿，被公认为是全球最敏感、最具权威性的商业性读物；它在 18 个国家印刷，每期发行量超过 50 万份，在全球 140 多个国家中有超过

160 万的忠实读者。至于其下属的企鹅集团则是高品质小说和经典读物的象征,其出品的文学作品、非文学作品、畅销读物、经典读物、儿童读物、画刊、学习参考书影响了全世界一代又一代人,从 1935 年 Allen 始创企鹅公司至今,企鹅集团的产品已经在全球 90 多个国家和地区,以 40 种语言得到传播。

三、励德·爱思唯尔集团(Reed Elsevier)

励德·爱思唯尔集团是世界著名的专业出版商和信息供应商,其主营业务主要集中在北美和欧洲。在科学、法律和商务信息方面的强大优势使其立于出版界的不败之地。励德·爱思唯尔集团成立于 1993 年 1 月 1 日,由英国的励德国际公司(Reed International PLC)和荷兰的爱思唯尔公司(Elsevier NV)合并组成。

2002 年,励德·爱思唯尔集团总收入达到 79.82 亿美元,经营利润 18.01 亿美元。其中在科学与医学、法律、教育和商业领域的收入分别为 20.59 亿美元、21.45 亿英镑、15.79 亿英镑和 21.99 亿英镑。在盈利方面,科学与医学的盈利最多,为 6.82 亿美元,其次是法律和商业领域,分别为 4.56 亿美元和 3.72 亿美元。

从励德·爱思唯尔集团收入的地域结构分析中我们可以看出,集团一贯坚持走国际化道路。众所周知,虽然集团发源于欧洲,但在其 2002 年的收入中,北美市场占据了绝对比重(达到了 64% 之多),而在荷兰,甚至整个欧洲,其比重仍然不足 20%。从集团长期的发展战略来看,国际化仍然为其首要发展战略。

励德·爱思唯尔集团采用统一的管理结构,自 1993 年合并之后,集团业务一直由集团董事会管理,董事会由 7 位执行董事和 8 位非执行董事组成,董事会定期召开会议。一位非执行主席和一位总裁代表集团董事会对集团进行管理。对现有业务进行调整,重新洗牌,剥离不合时宜的资产,依托科学、法律和商业三大核心产业,深挖增长潜力,提高组织管理水平,以管理促效益,这是集团实施的新战略。对产品进行更新换代,制定详细的营销计划,大力投资互联网,以实现专业出版与高新技术的完美结合。通过购并和结盟,继续实施国际扩张政策,重视人力资源的开发和利用。在进行积极的投资创新计划的同时，成本节流也是集团的一项重要任务。

四、汤姆森集团(Thomson Corporation PLC)

汤姆森集团是全球著名的教育、商业和专业市场电子解决方案供应商。汤姆森家族控有大约73%的股份。集团由罗伊·汤姆森创办于20世纪30年代。其起初为一家拥有小型报社和广播电台的小公司，在50年代和60年代，它收购了包括《泰晤士报》和《星期日泰晤士报》在内的一大批英国报纸从而扩大了规模。2002年，汤姆森集团的财政年度收入达到78亿美元。汤姆森集团实施的是多元化经营战略，主要业务包括四个部分：法律法规、教育、金融和科技与健康。汤姆森集团一直强调以顾客为导向，公司员工重视顾客，关注顾客——这是汤姆森集团赢得客户信赖、取得成功的重要前提。

回溯汤姆森集团的历史，我们不难发现，兼并、收购和出售等字样贯穿始终。事实上，汤姆森集团目前的核心业务均是通过兼并和收购得到的。兼并是汤姆森集团实现多种经营的基本手段。

除了多元化的经营理念、以人为本的服务理念外，为了适应时代的进步和要求，积极应用信息技术，提供各类电子解决方案，积极拓展国际市场也成为汤姆森集团重要的发展理念。

事实上，汤姆森集团是目前国际上少数几个积极应用信息技术并已经在实际市场中获得成功的传媒集团之一，在这点上，汤姆森集团很好地证明了电子教学解决方案所具备的庞大的市场潜力。在汤姆森集团2001年约72亿美元的总收入中，从电子媒介获得的收入为39亿美元，从互联网获得的收入为11亿美元，两者占据了汤姆森集团总收入的主体。

近年来，汤姆森集团一直坚持“信息、科技、应用”的三角商业扩张理论，即：以顾客为中心，通过科技促进信息的应用范围，而更广的应用又促进了信息内容的进一步丰富。在三角商业扩张理论之外，汤姆森集团还坚持自己的增长策略，即保证收入和利润的双增长，最终保证投资的长期回报。

第三节

大学出版

英国的大学出版是伴随着学术出版而发展起来的。这是因为英国大学出版社和美国大学出版社一样，都是“学术出版机构”。所不同的是，在美国涉猎学术出版的只有大学出版社，而在英国，从事学术图书出版的不仅有大学出版社，还有商业出版社。这就意味着大学出版社不仅要面对来自同行的竞争，而且还要对付来自商业出版社的竞争。第二次世界大战之后，随着英国国内高等教育的发展，学术出版业也获得了发展机会。到20世纪60年代，英国已经形成了一个较为完善的学术出版业。除了以牛津大学出版社(Oxford University Press，简称OUP)和剑桥大学出版社(Cambridge University Press，简称CUP)为首的主力军之外，市场上还活跃着众多商业出版社如麦克米伦出版公司(Macmillan)、路特里奇与克干·保罗出版社(Routledge & Kegan Paul)、布莱克维尔出版社(Blackwell)、米苏恩出版社(Methuen)、爱德华·阿诺德出版社(Edward Arnold)及艾伦·昂文出版社(Allen & Unwin)等。

从20世纪70年代开始，英国的学术出版逐渐发生变化。在70年代初期，英国出现了几家新的出版公司，如哈维斯特出版社(Harvester)和克鲁姆·海尔姆出版社(Croom Helm)等。提及这些新成立的出版社，主要原因是这些出版社的创始人都没有学校图书出版背景，或者受过训练而没有实际操作经验。这些出版社主要致力于开拓学术书籍的出口市场，尤其是北美图书馆市场。当时，可供英国学术读物在北美发行的窗口有许多，除了大学出版社之外，许多商业出版社和书店也纷纷参与其中，圣马丁出版社(St Martin's Press)及巴诺书店(与现在的巴诺连锁书店没有任何关系)就是其中的两家。这些渠道为英国学术出版社的发展提供了资金动力。在这期间，一些原有的学术出版社因各种原因相继倒闭，米苏恩出版社就是如此。在整个 70 年代,学术图书的平装版市场和精装版市场相当稳定。图书馆预算也持续增加。许多出版社还相继在亚洲和欧洲市场获得发展。

在 80 年代初期,由于英国国内图书馆削减学术专著的购买量,这一市场开始萎缩。英国中小学术出版社库存猛增。1979 年的经济危机给英国学术出版业造成严重影响,也导致了企业间的购并。与此同时,美国的市场也开始出现波动。英国许多出版社发现自己已经无力再委托美国窗口进行发行,而被迫在北美建立业务机构。这样,艾伦·昂文出版社、米苏恩出版社和路特里奇与克干·保罗出版社在 70 年代末,布莱克维尔出版社在 80 年代初相继在美国开办了自己的发行机构。但这些机构的运营非常艰难,绝大多数没有取得成功,原因是这些出版社低估了进入美国市场的成本和复杂性,此后便是新旧出版社之间的兼并和大融合。

到了 20 世纪 90 年代,英国学术出版业经过重组,形成了 6 家出版巨头。它们分别是牛津大学出版社、剑桥大学出版社、路特里奇与克干·保罗出版社、麦克米伦出版公司、布莱克维尔出版社和朗文出版公司(Longman)。目前,除了牛津大学出版社和剑桥大学出版社免于被收购外,其他均换了户头,其中,路特里奇与克干·保罗出版社成了汤姆森集团的一部分;朗文出版公司则归属了培生集团。从目前的情况来看,这 6 巨头基本上左右了英国 4 亿英镑的学术出版市场。而从大学出版市场来看,牛津和剑桥两家大学出版社基本上傲视群雄。这主要归功于政府政策倾斜,当然更离不开出版社自身的开拓。

论及英国的大学出版,我们不能不提及牛津大学出版社和剑桥大学出版社这一对英国学术出版及世界学术出版的双子星座。它们的历史和现状,从某种意义上来说,代表了英国乃至世界学术出版的历史和现状。

一、牛津大学出版社

位于英格兰牛津城瓦尔顿街的牛津大学出版社是英国历史最悠久、规模最大的大学出版社之一。其前身是英国印刷术的启蒙者西奥多里克·路德创办于 1478 年的牛津印刷所,至今已有 500 余年的历史。目前,牛津大学出版社的年营业额达到 5 000 多万英镑,从业人员 2 000 有余，不仅在学术质量方面堪称世界一流，而且在盈利方面也是佼佼者。作为世界知名学府牛津大学的一部分，牛津大学出版社从一开始就肩负起了出版学术书籍的使命，并成为学术建设的中流砥柱。

牛津大学出版社共分4个部门，即专业书部、一般书部、教育部和国际部。其中专业书部的规模最大，出版学术著作、参考书、辞典及供大学生阅读的图书。该部最成功的项目是1858年至1928年历时70年陆续出版的《牛津英语词典》。该词典从1858年起收集资料，1879年开始编写，1884年2月1日分卷出版，1928年4月19日出齐10卷，共收词条414 825条，插图200万幅，是世界上规模最大、最权威的英语词典，为牛津大学出版社赢得了空前的国际声望。此后，出版社在《牛津英语词典》的基础上延伸出版了《简明牛津词典》、《袖珍词典》、《儿童词典》等12种各种用途的词典，并一直是世界许多国家的畅销书。难怪牛津大学出版社自豪地宣称：世界上每分钟就有6个人在购买牛津出版的词典。

一般书部主要出版圣经和祈祷书、古典文学及面向一般读者和儿童的精装书与平装书。教育部出版各种教科书和英语教育方面的图书。国际部是专门管理海外分社的组织机构。牛津大学出版社在海外建立分支始于19世纪末期。1896年，牛津大学出版社美国分社在纽约开业。此后又在世界多个地方开办分社。这些分社和牛津大学出版社一样都是独立的非赢利性公司。

1. 国家予以特惠，扶持学术出版

牛津大学出版社与英国其他出版社的最大不同就是有免税特权。早在1571年英国议会就颁布法令给予出版社以慈善机构待遇，此举旨在扶持教育与学术出版。直到今天，牛津大学出版社除了和其他出版社一样享受图书零增值税待遇之外，还免交营业税和所得税。这一措施对牛津大学出版社的发展壮大发挥了重大作用，也体现了政府对学术著作出版的重视。牛津大学出版社认为这种特权是对那些市场小而学术价值高的学术著作出版的一种强有力的扶持，同时也在支持牛津大学的办学教育方面发挥了重大经济支柱作用。

2. 肩负学术出版使命，实现跨国出版战略

1633年，英国国王查理一世颁布法令准许其出版各种书籍。不过，牛津大学出版社这一时期仍以出版词典、学术作品和印刷《圣经》为主

业,此时的重要作品有《克莱伦顿英格兰反抗与内战史》。牛津大学出版社真正起步是从1671年开始的。其标志就是大学主管约翰·菲尔(John Fell)博士参与了出版社的管理。19世纪是牛津大学出版社不断开拓的一个世纪。一是使用牛津圣经纸出版了不同版本的圣经;二是出版系列经典学术专著,从而建立了自己的声誉。出版社的业务也开始不断扩大,首先是高质量的教科书和词典,接着是儿童读物。1902年推出的《世界文学名著丛书》轰动一时。1907年牛津大学出版社的第一部儿童读物面世。此后不久,该社又相继推出了《世界名著丛书》、《牛津引文词典》、《国家书目词典》、《英格兰历史词典》及《第二代英语词典》(简明版、袖珍版),由此奠定了其优秀出版社的地位。在出版范围扩大的同时,该社也从地理上开始扩张,以实现其跨国出版战略。首先是在伦敦开办书库,然后于1896年在纽约、1904年在多伦多、1908年在墨尔本、1912年在孟买、1915年在开普敦相继开办了分支机构。

3. 严把图书质量关,发挥品牌优势

1571年的议会法令规定,牛津大学出版社是牛津大学不可分割的一部分,并归校董事会直接管辖和领导。作为牛津大学的一部分,学校的副校长兼任出版社的学术评论委员会主席。该委员会是出版社的学术把关和主管机构,由19名代表组成,每两周召开一次会议,所有图书均须获得该委员会的一致通过后方可出版,这一出版政策保证了其图书的学术水平。由该委员会任命的财政委员会掌管出版社的经营大权。

牛津大学出版社在市场上最珍贵的财富是它得到了牛津大学的认可,使用"牛津"这个品牌,把它放在出版物中就使读者认为它跟牛津大学是同一回事。多年以来,牛津大学出版社在出版书目的安排上都小心谨慎,尽量用好"牛津"这个名字。在出版图书时,有很严格的控制,必须是新书,而且要"在学术上有一定威望和值得尊敬"。而在教育方面的优秀书目上,比如课本等,这个标准可以适当放宽一些。另外一个对牛津大学出版社产生"集体认同"的力量是它鼓励海外出版分支独立发展业务。有了这样的支持,其分支公司逐渐融入了当地教育事业中,成为履行牛津大学出版社传播英语责任的干将,这一切都给牛津大学出版社带来了很高的声誉。

牛津大学出版社除了在词典出版市场上保持优势之外,还积极拓展

其他领域。近年来，文学名著市场的竞争风起云涌。华兹华斯出版社、企鹅出版社纷纷采取措施争抢份额。牛津大学出版社在经过详细的市场调查之后，推出了由700余种书组成的《世界文学名著丛书》。据英国图书市场调查有限公司所进行的调查表明，读者对这一丛书的反响非常强烈，主要原因是读者看重出版社的牌子。

二、剑桥大学出版社

在跨国公司和集团公司一步步控制出版界的今天，作为欧洲最古老的大学出版社之一的剑桥大学出版社依然具有很强的实力。剑桥大学出版社在最近20年业务上的表现和出版事业上的不断进步给人留下了深刻的印象，同时也让其他世界级的出版社羡慕不已。

剑桥大学出版社成立于12世纪，在1534年7月20日由亨利八世授予皇家许可证，从事出版和印刷。虽然在得到授予之后，剑桥立即建立了第一条完整的学校印刷生产线，但直到1584年，在其委任的第8个印刷主管手中，它的印刷机才真正运转起来。剑桥大学出版社依靠手中的许可证，在1591年出版了它的第一部圣经，随后招致的纠纷一直到1629年才得以解决，最终剑桥大学出版社获得了四开本和对开本圣经的出版权。就在那一年，剑桥大学出版社出版了《新国王詹姆士圣经》，这部圣经后来成为权威版本。这也开创了出版对文本内容加以重视的传统，同时使剑桥和牛津大学出版社都巩固了皇家出版社的地位。在17世纪至19世纪，圣经一直都是畅销书，每年的印刷数目也稳定上升，在19世纪20年代以前，每年印40 000册，到了40年代达到顶点，每年要印175 000册。1870年，牛津和剑桥合作投资发行了圣经的修订本。而在1970年两家出版社再次合作发行新的英语圣经的时候，200万册《新约》在两个月之内销售一空。1989年他们第三次合作，出版了修订的英语圣经，该书至今已经售出了100多万册。

作为剑桥大学的一部分，剑桥大学出版社没有成为公司，没有股权人和投资者，而是一个自筹资金的慈善机构，由剑桥大学建设和管理。这种与通常公司不同的结构对出版社的成长有着重要意义。为剑桥大学提供出版和印刷需求服务是剑桥大学出版社始终不变的一个主要目标。不过历经多年的发展，为适应更广的目标，剑桥大学出版社的出版范围已经扩大。1980 年，剑桥大学管理条例规定："大学应该有大学的出版社，它应该使出版和印刷在各个学科为知识的获取、推广、保存和传播作出积极贡献；为教育、宗教、学术研究的进步作出贡献，为文学和优秀作品的推广作出贡献。"

几个世纪以来，已经由剑桥大学出版社出版并成名的作家数量可以证明，在英语读者群中，该出版社的发行物几乎覆盖了人们对于严肃问题探讨的每一门学科，其中还包括最新工具书、医药图书、职业性图书、软件与电子图书的扩展。

剑桥大学出版社的发展也并非一帆风顺。比如在 1970 年，出版社就陷入了财政危机。1971 年，剑桥大学出版社的决策机构——出版社理事会任命杰弗里·盖斯为首席执行官。此人是一名经验丰富的出版商。他在关键时刻肩负起出版社命运的重担。之后两年，他完成了对出版和印刷机构的调整，包括削减开支、有效控制出版数量及根据成本给再版书重新定价等工作。1973 年，剑桥大学出版社转而开始赢利。杰弗里·盖斯的主要贡献就是以出版的哲学复活了出版社。他曾说："我们的兴趣不在于使利润最大化：我们没有经营者，没有股权人，没有分红……不需要总是强调出版社的目的是为了利润。我们最高的目标是出版学术著作和教育书籍，因为它们为人类的知识传承作出了极有价值的贡献。"在出版社历史上，另一个结构和管理上的重要发展是在 1949 年创办了美国分部和在 1969 年创办了澳大利亚分部。

事实上，美国不仅是剑桥大学出版社最重要的市场，而且也是最重要的作者源。出版社在美国获得成功的一个重要因素就是出版计划达到一定规模，并且具备了足够的动力。出版社在美国培育的出版领域包括艺术、历史、经济学、心理学、行为科学、地球科学、英语非母语教学、工具书和哲学等。

在澳大利亚的分部，因为它以前是从一个中介公司起步，然后逐渐成为一个营销销售公司的，故其编辑活动起步较晚。1988 年，出版社的第一批澳大利亚作者出版了新书。现在，该分部每年出版 50 本书，另外还有一些工具书，在学术出版上有选择地确定了几个方向，比如在澳大利亚很有实力的社会科学及与澳大利亚的学校课程相配套的教科书。

现今，剑桥大学出版社是世界上最大的学术和教育出版社之一。每年出版 2 500 多种图书和 150 多种期刊，销售范围超过 200 个国家和地区。从作者方面来说，剑桥大学出版社在 108 个国家拥有 24 000 多名作者，可谓稿源丰富。其中美国作者超过 8 000 人，澳大利亚作者超过1 300 人，日本、俄罗斯、南非、西班牙、以色列等国的作者都超过百人。同时，剑桥大学出版社的发行范围几乎涉及全球每个国家。每年有超过2 500万人次浏览剑桥大学出版社的网站。

剑桥大学出版社的出版项目主要分为以下几类：人文、社会科学、自然科学、英语教学、工具书、教科书和期刊。这 7 个分支都有自己的工作室，有自己的编辑、生产、设计和市场人员。尽管它们不是独立的，但一些分支是实质上的出版者。人文和社会科学出版项目主要包括经济学、语言学、知识史、美国文学、历史、艺术、艺术史、宗教研究及中东、中国和国际研究。自然科学项目包括物理、生物科学和数学。工具书也是一个重要的出版领域。过去，出版社并没有很好地利用“剑桥”这个牌子。在这个方面，剑桥大学出版社已经落后于牛津大学出版社。

此外，剑桥大学出版社还热衷于翻译西欧国家如法国、德国、意大利等国最好的学术书。这些年来，出版社就一直在往欧洲大陆派送人文、社科及自然科学的编辑，让他们劝说欧洲大陆作者加盟，让他们用英语写作，或者让他们的作品在用母语出版以后立刻译成英文出版。有时，出版社买到一些当地母语的书，然后再把版权卖给当地的出版商。现在，哲学、政治理论、知识类图书都是出版社积极翻译的对象。在与欧洲大陆的出版社进行合作方面，较为成功的项目就是《世界文学的里程碑》，是主要为大学生介绍各种语言、文化和国家的文学经典，平装本每本大约只卖 3.5 英镑。《世界文学的里程碑》系列从酝酿到出版一共花了 3 年时间。

另一个值得称道的项目是长达 1 800 页的《剑桥大百科全书》。该书的主编是大卫·克里斯塔尔，他主编过很成功的《剑桥语言百科全书》，同时也是一位知名的播音员和作家。新百科全书奠定了出版社在工具书出版领域的地位。与以往的百科全书相比，这一百科全书收录了更多的词条和交叉注释，同时还突出体现了当代计算机、机器人、信息技术、基因工程和环境等方面的内容。

在出版社的销售中，出口占销售总额的 2/3。剑桥大学出版社的出口业务主要通过两个渠道进行。一是自己的营销代表,二是设于巴黎、雅典、伊斯坦布尔和马德里的欧洲办事处。此外,出版社还通过当地的图书贸易渠道来进行销售,其中包括大学书店。

英国主要的大学出版社

牛津大学出版社	Oxford University Press
剑桥大学出版社	Cambridge University Press
利物浦大学出版社	Liverpool University Press
爱丁堡大学出版社	Edinburgh University Press
曼彻斯特大学出版社	Manchester University Press
开放大学出版社	Open University Press
威尔士大学出版社	University of Wales Press
伯明翰大学出版社	University of Birmingham Press
赫弗特郡大学出版社	University of Herfordshire Press
路顿大学出版社	University of Luton Press
谢菲尔德大学出版社	University of Sheffield Press

第四节

图书零售

在20世纪80年代以前,英国图书销售还仅局限于私人小店与区域连锁。那时,甚至在百货店、报刊亭和其他零售点都有图书销售,因为图书售价都由出版商以协议方式决定,所以没有竞争,没有营销。20世纪80年代,这样的局面逐渐发生了改变。1991年的《净价书协议》允许书价打折,使延续了100多年的定价制土崩瓦解。很快,超市进入图书零售业,并抢占了畅销书市场相当大的份额,也使打折成为图书零售业的常见促销手段。20世纪90年代,亚马孙引领了在线图书销售浪潮。亚马孙的图书包罗万象，打折幅度大，售价低。传统书店都败给了超市卖场与亚马孙。众多小书店、小型区域连锁公司被大公司吞并，造成激烈竞争，并进一步影响了大公司的业绩。大公司便向出版商施压，要求大幅折扣、增加营销预算、延迟付款，同时谋求通过集团采购和电子商务降低经营成本。

在《净价书协议》的保护下，出版商选择将图书零售价定价为法律许可的最低价格，从而避免了传统书店同非传统方式的销售渠道之间的恶性竞争。课本和已获准出售给图书馆的那些书籍除外。但是，章鱼出版社（赛克出版社、米诺娃出版社）的大众类书籍净价销售，因为这些书不用收税。

超过1/4的零售是通过个体书店实现的，但最主要的销售渠道是大型连锁店。W. H. 史密斯连锁综合型书店（大约400家）等同时还经销玩具和文具。大型、高品质的书店的兴起是80年代图书市场最大的特色。根据不同刊物的市场波动行情，出版商在进行交易时可以在零售价的基础上打一定折扣。课本平均折扣在17.5%，学术书可除去25%的折扣，大众硬皮精装书可去40%的折扣，而量大的平装书能去掉50%以上的折扣。图书退货是很普遍的。

大出版商设有自己的批发行和销售系统，小出版商可以加入也可以选择个体经销商。许多个体书店从四五个大批发商那里进书从而可以及时获得多家出版社发行的畅销书籍，但是书店能拿到的折扣就少了。

英国最大的图书俱乐部是联合图书俱乐部（BCA），有大约300万会员，通过发邮件会员可以买到会员专享书。书店的竞争对手还来自超级市场和其他非专业渠道的售书，如出版商向学校直销，直接卖给单位。连锁的廉价书店不仅出售库存积压书和再版书，还有杂志和过时的非小说类书（如参考书、烹饪书和旅游书）。

一、主要的连锁书店

1. W. H. 史密斯连锁书店（W. H. Smith）

这是英国最大的图书、杂志和报纸零售店。此外它还拥有优价（Our Price）连锁店、维京（Virgin）零售店，并与布茨（Boots）药品、化妆品连锁店联合控制 DIY 连锁店,双方各占 50%。它还经营报纸、杂志和图书的批发业务。

2004 年,遭逢财务危机的 W. H. 史密斯将旗下的霍德出版社以 2.23 亿英镑(约合 4.06 亿美元)售予其法国竞争对手阿歇特出版集团,从而完全撤出了图书出版领域。

2. 瓦特斯通连锁店(Waterstone's)

瓦特斯通是英国最大的专业图书零售店,拥有包括皮卡德利(Piccadilly)店面在内的 200 家分店,占有英国图书市场份额的 16%。

3. 迪龙连锁店(Dillons)

该连锁店归潘托斯集团所有,1995 年初以 3 600 万英镑的价格易主给索恩 EMI 集团,并成为该集团的音像连锁店 HMV 的一部分。目前,拥有分店 26 家。

4. 奥塔卡连锁店(Ottakars)

上市公司奥塔卡公司曾经是英国三大图书连锁店之一,在英国拥有 140 家分店,市场份额达 6%。奥塔卡净利润从 2004 年的 428 万英镑下跌到 2005 年的亏损 510 万英镑。

2006 年 5 月 31 日,瓦特斯通连锁书店的所有者 HMV 公司出资6 300 万英镑收购奥塔卡公司 41% 的股份。合并后的瓦特斯通-奥塔卡在全英拥有 327 家分店,营业面积达 200 万平方英尺,总营业收入达 6 亿英镑。

二、图书零售业最新趋势

进入 20 世纪 90 年代以来,随着连锁书店份额不断加大、超级书店迅速扩张以及网上书店的崛起,英国图书销售领域发生了一系列巨变,这个在世界排名第四的图书零售市场呈现出群雄逐鹿的局面。

1. 连锁书店市场份额越来越大

始于 20 世纪 90 年代末期的零售面积扩充热一直持续到现在。绝大多数连锁书店都进行了扩张。W. H. 史密斯、瓦特斯通、鲍德斯和布克图书、汉米克斯、萨斯克斯及布莱克维尔等连锁书店的营业面积均有所扩大。在大城市,连锁书店之间的竞争更是激烈异常。竞争的焦点则是开办更多的超级书店。

所谓的“超级书店”，是指连锁书店中超大规模的分店或中心店。营业面积一般为1.2万平方英尺—1.5万平方英尺以上，常销书品种10万种以上，兼营音像制品，并具备可供读者休闲娱乐的书店。“连锁书店”是一种上设总店，下设分店，牌号相同，统一进货，统一管理的书店。与“连锁书店”相对应的是“独立书店”，又称“个体书店”，它是世界各国最为普遍的零售书店类型。超级书店首先出现在美国，并在20世纪90年代中期达到发展的顶峰。1999年，鲍德斯连锁书店分别在伦敦、里兹和约克开办了超级书店。瓦特斯通连锁书店于1999年9月也在伦敦开办了一家面积达5.4万平方英尺的超级书店。

国际销售跟踪公司的数据表明，英国70%的图书零售市场控制在25家书店手中，其中连锁书店所占的市场份额更是高达34%。《书商》杂志对英国一般图书市场份额所进行的分析表明，W. H. 史密斯连锁书店所占的市场份额高达15%，瓦特斯通连锁书店占7.5%，布莱克维尔书店占3%，汉米克斯书店占1%。由于地域的影响及外国连锁书店的进入，目前英国图书零售市场已经形成了本国连锁书店与外国连锁书店、本国连锁书店之间相对峙的局面。与此同时，超市也不甘寂寞，加入了竞争行列，纷纷抢占地盘，扩大图书市场份额。阿斯达和泰斯考两家超市均表示要通过其店铺和网站向顾客提供更多的图书。

2. 网上书店迅猛发展

网上书店的出现不仅改变了这一领域的格局，提升了图书零售的科技含量，使得图书零售的国际化趋势更为明显，而且还给图书零售市场带来了活力，从而成为出版业新的增长点。英国《书商》发布的最新调查表明，英国目前的网民数量已经超过1 050万。在今后4年中，国民用于网上购书的消费将达到4.3亿英镑。网上图书销售将占整个图书市场的17%。2004年，网上销售在整个图书零售额中所占的比例接近8%。在已经上网的书店当中，大约有40%的网上书店通过互联网推广自己的书店，大约有40%提供图书订购服务，大约有1/4的书店提供书名检索和信息发布等服务。相比较而言，英国对互联网的重视程度远远落后于美国。但是近年来，随着网上用户的增多，尤其是美国网上书店的迅猛发展，英国网上图书销售也开始繁荣起来。

许多大型连锁书店也拥有了自己的网址，有的甚至成为网上书店的供货商。位于剑桥的赫弗斯书店是英国最大的网上书店之一，总投资额为20万英镑，可供图书达190万种，在全球各地的客户已达5万人。瓦特斯通连锁书店目前的可供书目达到140万种。布莱克维尔书店是英国第一家上网的学术书店。W. H. 史密斯连锁书店所属的因特网书店是英国第一家网上书店，其业务获得了迅速发展，其中一半的销售额是在海外实现的，这表明潜在的海外读者把国际互联网看成是从国际市场上购买图书和获得信息的最佳渠道。此外，W. H. 史密斯连锁书店的新网站也和瓦特斯通连锁书店一样免费提供有关信息。

英国网上图书市场的繁荣吸引了众多外国公司的进入。继亚马孙网上书店和巴诺网上书店相继在英国开办分店之后，德国贝塔斯曼出版集团于1999年3月也进入英国网上售书市场，开办了图书在线（英国）分店，并投入巨额宣传资金，以期和亚马孙（英国）网上书店并驾齐驱，形成外资网上书店逐鹿英国图书市场的局面。据一项统计表明，亚马孙（英国）网上书店目前依然是英国网上图书市场上的霸主。在英国众多的网民中，女性的数量超过男性。从网上购书方面来说也是女性购买的图书多于男性，这一趋势对于网上书店来说无疑是个好消息。但是随着网民数量的增加及网上图书销售市场的不断扩大，刺激网民购书的因素将不再是价格或者品种的多少。顾客将会变得更加挑剔。这样一来，了解谁是你的客户，并有能力根据这些客户的口味和兴趣来选择图书将成为区分网上售书市场上赢家和输家的一个标准。据一项对网上书店的调查，与新书相比，销售数量更多的是常销书，尤其是科幻小说、计算机和技术类图书。这反映了现有网民的构成和网络本身的特性。目前，绝大多数网上书店经营的均是单一品种，随着服务项目的增多，能否提供包括CD、录像带、游戏软件等的其他产品和服务将成为区分是否为赢家的一个标准。

从目前网上书店的发展情况来看，网上图书市场有两种趋势，一是老的网上书店注重品牌，投入巨额资金先创牌子，所以一直处于亏损经营；二是新开办的网上书店发展迅速，而且赢利很快，原因是这些公司还不了解网上生意的游戏规则。但是一旦这些品牌书店站稳脚跟，它们就会有足够的实力在投资和市场方面充分发挥其规模经营的优势。网上书店的经营特色就在于无店铺销售，这样资产成本少，销售地域广泛，没有地域限制,或者说网上销售无国界。但网上书店在技术和市场推广方面的投资是相当高的。弗莱切研究所的一份报告显示,亚马孙(英国)网上书店在英国10大网上广告客户中排名第三,领先于巴克利银行、戴尔计算机公司、福特汽车公司和微软公司。

3. 外资控制图书俱乐部市场

英国第一家图书俱乐部成立于1929年,但直到20世纪60年代才逐步形成一个较为健全的图书俱乐部市场。目前,这一市场总值在2亿英镑左右,占整个图书市场的11%。从会员人数来看,英国目前共有225万人左右。其中最大的图书联合俱乐部(Book Club Associates,简称BCA)和全国图书服务公司(Nationwide Book Service,柯林斯出版社、海纳曼与赛克斯出版社及瑞典主要出版和图书俱乐部集团波尼尔斯·佛拉格合资)的会员最多,分别为180万和12万。1999年,以经营图书俱乐部起家的出版巨头德国贝塔斯曼出版集团购并图书联合俱乐部,这标志着英国图书俱乐部市场的控制权已经落入外资手中。

不同销售渠道所占市场比例

书　　店	27%
图书与文具店	27%
降价书店	7%
超市	6%
CTN 连锁店	4%
连锁店	3%
宗教书店	2%
车站/机场商店	2%
百货商场	1%
其他零售	5%
图书俱乐部	11%
校园书店	5%

英国图书俱乐部的运作主要是通过《图书俱乐部操作条例》和《图书

俱乐部契约》来规范的。《图书俱乐部操作条例》制定于 1985 年。条例规定：图书俱乐部必须将其会员数量进行注册(一年至少一次)，而且只能向会员供书。俱乐部会员期限最短不少于半年，而且第一年的会员必须购买不少于 3 本俱乐部推荐的书籍。俱乐部必须向出版商协会递交书籍销售详情，期限为提前至少 4 个月。图书出版之后至少 6 个月内，不能用作奖励书籍，而且不经出版社同意不得有剩余存货。俱乐部提供的书籍必须是本俱乐部版，除非存货不够，可用其他版，但不能超过总数的 20%，或者在先与出版社有协议。俱乐部不得从事不平等竞争广告。《图书俱乐部契约》于 1983 年由几个主要的俱乐部签署，1988 年又经修订，其目的是鼓励平等竞争。

第五节

图书直销

多年来，直销一直在英国出版业充当配角。利用直销来推销图书的主要是出版市场狭小的小型出版社。在大型的出版公司当中没有一家开展直销业务。2001 年，以生产婴儿奶粉而著称的亨氏公司采取了一项重大决策，将其大多数广告预算投入从传统媒介转向直销。目前，英国有许多公司开始步亨氏公司的后尘，从而使得英国直销业充满了生机。这一趋势是与市场关系理论分不开的。这一理论的核心就是，一家企业如果把精力集中放在满足现有客户的需求上要比出去寻找新客户更合算，更能提高销售额。英国出版界业已开始加入到直销大军的行列。图书直销又热英伦。

目前，从利润来看，图书零售成本越来越高，而消费者的购买习惯则是更加挑剔，因此经营图书赢利的难度越来越大。另外，图书出版在大众市场和专业市场方面日趋两极分化，部分原因是中间地带很难生存，另一部分原因则是出版社在出版图书时对市场的限定越来越具体，力求准确的市场定位。与此同时，直销也日益困难。这是因为直销一直是高投入而且将仍然要求高投入，而且直销的方式也是多种多样，如邮寄、电话、传真及电子邮件等，而且每一种方式各有其特色。

直销业中最大的一块是邮寄。目前，英国平均每个家庭每月收到邮寄来的宣传品达7.6件。企业经理每周平均可收到15件。邮寄的膨胀促使人们意识到这一市场已经饱和。人们收到这么多邮件，他们根本没有时间去看。但英国直销协会的会长大卫·罗伯特姆则认为，邮寄仍然是一种有效的方式，而且市场并未饱和。据统计，平均77%的邮件被打开，63%的邮件被阅读。这一统计数据是相当高的。他认为，对于大公司来讲直销将变得便宜一些，这是因为随着公司的扩大，它们将有能力争取更好的生意。

英国图书邮寄销售的先锋人物，著名儿童图书俱乐部——红房子俱乐部的所有者大卫·迪尔认为，邮寄还远未算得上是高投入，更谈不上高效，实际上是难度加大了。“不仅仅是邮寄，各种方式的销售难度都同样加大了，我还尚未发现我们的俱乐部在发展新会员方面需要投入更多的资金，但是我们必须在以不同的方式吸引会员方面更加具有独创性。我们与更多的对手竞争，为了生存你必须创新。”迪尔先生在市场上从容对待竞争，不过他也强调直销没有什么资金优势可言。“直销一点也不比其他任何发行体系省钱。”首先投入的费用就是用于建立一个客户名录，购买也好，通过刊登广告来制作也行。名录建成之后并不等于可以赚钱了，还得看你的产品质量如何，宣传目录设计如何，以及掌握的寄发时间等因素。市场对邮寄品的良好反应并不足以确保长期赢利。你必须提供优质服务，因为给你带来利润的是回头客。只有从第二次销售起你才开始赚钱。你还必须经常清理你的邮寄名录并保证地址的准确。迪尔先生认为出版商们还低估了其他直销经营方式的成本和困难。但他坚信直销可以使得出版商的市场嗅觉更加灵敏。

出版商市场嗅觉更加灵敏，被视为是直销的优势之一。杰西卡·金斯利出版公司是专为专业人员出版图书的出版社，其总裁杰西卡·金斯利非常自信地认为直销产生优秀出版。这是关乎具体到究竟谁买你的书和买你的哪类新书的问题。她说随着顾客名录的扩大，你所掌握的市场也随之扩大，你可以对市场的变化了如指掌，也就是说你可以站在市场的前列。

以直销《交通运输经理指南》一书而发家从而创办克干·培基出版社的菲力普·克干说:"直销没有什么必然可言。市场始终是在变化之中。唯有对你的邮件回收率进行深入的研究才可较为准确地把握这些变化,舍此别无他途。"他说人才资源曾经一度是该社的强有力的市场。随着各种公司纷纷进行内部人员培训和人才开发,这一市场的结构发生了变化。另外,英国的工业关系模式也经历了相当大的变化。结果是,邮寄已不可能对所发生的变化进行准确的反馈。为此,该社调整策略,转而经营销售势头很强的有关择业的书籍。

直销仅仅是该社经营较昂贵书籍的一种方式。该社的直销专家爱玛·托马斯算了一笔直销账。编辑一份1 000个名字的邮寄名录单的成本在120英镑—400英镑左右。邮费是每户20便士—60便士。如果可以有2%的回收率,那么你可以获得20个销售额。如果邮寄的总费用是350英镑,那么销售一本书的成本则是17.5英镑。如果只有1%的回收率,那么每本书的销售成本则是35英镑。如果回收率不及1%,那么图书的销售成本还要上升。

克干先生坚信直销会使图书贸易受益。尽管有些书商不愿接受这一事实,但绝大多数书商开始意识到直销对于专业书籍的重要性。有资料表明,有些书店只接受那些有直销潜力的书籍。托马斯强调直销是一种高投入高浪费的销售方式。为此,有些出版社开始发掘电子媒介的潜力。通过电子媒介进行直销既经济又高效,如果邮寄名录大而全的话,回收率肯定不错。

流行科学集团经营的专为生物医学研究人员开办的连机俱乐部——生物医学网俱乐部(Biomednet)是向科学界直销图书的先锋。集团总裁理查德说:"我认为存在着一个通过电子邮件直销的机遇窗口。但传统的衡量回收率的方式和确定市场的模式已经不适合。给100万人发电子邮件并不比给1 000人发电子邮件所需的成本要高。因此,电子邮件极有可能成为最快的直销媒介。"他介绍,生物医学网俱乐部已经收集了10万人的邮寄名录,回复率为3.5%。此外,该俱乐部还可以收到其会员的高质量的信息反馈。作为出版商和俱乐部经理的理查德认为,出版商不应该从事直销,除非他是专业性极强、定价高的小型专业出版商。另外值得强调的是，亨氏公司的直销不是像出版社那样推销单个产品，而是与许多出版社一样生产了太多的产品以至于无法再利用传统媒介有效地进行广告宣传。亨氏公司发言人说："3 年前亨氏公司在营销策略上采取了重大举措，启用直销。随着公司产品种类的增多及电视广告成本的上升，我们决定采取两条腿走路的方式，在利用直销推销单个产品的同时，继续通过电视推广我们的名牌产品。"亨氏公司目前出版一系列杂志并寄给对公司产品感兴趣的人。杂志的内容根据所针对的市场而有所不同。目前，公司的数据库中共有 500 万户家庭。

直销风靡英国出版界，但如何操作仍成问题。正如英国直销协会会长所说，对于各个行业来讲，直销的概念是相同的，但在引进时要具体分析。英国出版界应该到其他行业取取经。

主要的网上书店一览

亚马孙	http://www. amazon. com/
巴诺	http://www. barnesandnoble. com/
布莱克维尔	http://bookshop. blackwell. co. uk/
书页	http://www. bookpages. co. uk/
迪龙	http://www. dillons. co. uk/
汉米克斯	http://www. thebookplace. com
赫弗斯	http://www. heffers. co. uk/
互联网书店	http://www. bookshop. co. uk/
W. H. 史密斯	http://www. whsmith. co. uk/
瓦特斯通	http://www. waterstones. co. uk/

第六节

图书俱乐部

从国际范围来讲,图书俱乐部的出现可以追溯至 20 世纪 20 年代。第一次世界大战之后的德国经济萧条、书价居高不下,正是在这种形势下,首批商业性图书俱乐部出现了。事实上,出版商创办图书俱乐部的目的非常简单,就是为了通过规模经营降低图书成本。1924 年德国共有 4 家图书俱乐部,到 1933 年总会员数达到 80 万人。在美国,形成图书俱乐部的条件最佳。1926 年,每月一书俱乐部(Book of the Month Club)开始以预订的形式经营。1977 年,时代公司(Time INC.)买下了该俱乐部作为其重要的子公司,目前会员人数为 150 万。与此同时,图书俱乐部——文学会(Literary Guild)也依照每月一书俱乐部的做法开始经营。1934 年,双日公司(Doubleday)买下了文学会。目前,文学会有会员 170 万人,是美国 150 个图书俱乐部中最大的一个。双日公司经营 20 家俱乐部,会员总数 300 万人。在美国,图书俱乐部这一概念和邮购一样作为成功经营的范例而被广泛接受。

一、英国图书俱乐部的创建

图书俱乐部这一概念真正引进英国是在 1929 年,阿兰·波特根据美国模式创建了图书俱乐部——图书学会(Book Society),虽然也是每月提供书目,但区别是没有任何折扣。该俱乐部与出版社和书商的关系非常融洽,会员达到了 2 万人的高峰,其中 50% 为海外会员。后来罗伯特·马克斯维尔买下了图书学会,并最终被图书联合俱乐部于 1968 年买下。

英国图书俱乐部获得重大发展是在 20 世纪 30 年代中期,标志是俱乐部——重印书学会(The Reprint Society,由阿兰·波特和5位出版商——柯林斯、卡普、麦克米伦、恰托和海纳曼共同经营)和著名的约翰·贝克尔及读者联盟(The Readers Union)的合并。这一时期,其他俱乐部有卫克多·格兰茨的左翼图书俱乐部(Left Book Club)、弗伊尔斯图书俱乐部(Foyles Book Clubs)和奥达姆斯良友图书俱乐部(Odhams Companion Book Club)。在20世纪50年代中期英国图书俱乐部业务严重萎缩之前,这些俱乐部构成了英国俱乐部市场的中坚。1955年,良友、弗伊尔斯和重印书学会的总会员人数是100万左右,所占比例分别是40%、35%和25%。它们所供应的图书大多是小说,而且在电视革命,尤其是1955年9月英国独立电视台开播之前,图书俱乐部一直是一个重要的娱乐来源。

电视的普及使得那些视其为丧钟而不是潜在的推广工具的许多作者、出版商和书商感到困惑。不过变化仍然很明显。在英国近代史上,20世纪50年代是一个分水岭,这是一个由贫穷到富裕的转折时期。它还是一个在文学、戏剧和思想领域创造"新现实主义"的"幼狮"时代。它创造了伊安·弗雷明的小说处女作——《皇家赌场》和赫夫纳的《花花公子》杂志。二者均是在1953年问世。英国纯洁的时代也就此永远地结束了。

到了20世纪60年代初,图书俱乐部的未来似乎极为暗淡。会员还不及战前的 ·半,整个图书市场销售似乎也不尽人意。平装书虽然走俏,但英国的公共图书馆系统却购走了至少60%的精装小说,图书零售市场不活跃。实际上,如果不是英国出版商协会从1963年开始逐步放宽其图书俱乐部管制条例的话,那么英国所有的图书俱乐部都将会从此一蹶不振。1958年,英国出版商协会对其图书俱乐部管制条例进行了修改,允许俱乐部在原书出版一年后可以推出重印俱乐部版,而在此之前的期限则是两年。俱乐部的出版计划周期可以超过半年,而且必选数目可以是6本。1963年俱乐部管制条例又允许俱乐部使用包括奖励书籍在内的优惠措施以吸引新会员。到1965年,良友图书俱乐部有会员10万人,重印书学会3.3万人。由于图书本身的因素、推广的高成本、电视的影响及公共图书馆体系的改善,俱乐部重印版的经营受到严重削弱。唯一值得一提的好处是允许会员以较多的折扣购买新书,而这正是图书俱乐部存在的主要理由。但是图书内容仍然很"旧",品种也不多,而且图书俱乐部本身也存在问题。

1964 年,W. H. 史密斯考虑采用邮购的手段来遏制书店销售额的下滑。这一想法由保罗·汉姆林提出。汉姆林自 1972 年以来控制着奥克托普斯图书出版社,他和米歇尔·比兹利一样属于新一代具有强烈市场意识的出版商。这位年近半百的汉姆林在数年前就意识到他可以通过分析大众流行兴趣,然后用豪华插图进行包装就可以制作出畅销书来。以"圣·米歇尔"为品牌的系列书在马克与斯宾塞百货连锁店就卖得很好。由约翰·里茨(后来他加入弗利奥学会)领导的新的史密斯企业命名为直接图书服务公司(The Direct Book Service),并开始销售优秀的豪华画册,如卡利尔的《世界名吃》,以及一系列维顿费尔德图书,如《伟大的英国家庭》和《世界名川》等。从利润的角度来看,这种经营算不上成功,主要原因是一般管理费用相当高。但是从图书的销量来看,这种经营是非常有价值的。它证明新书邮购的确存在着一个巨大的市场,而且这一市场是可以通过俱乐部经营得到开发的。

二、图书俱乐部成功需要5个因素

1965 年,真正的机会到来了。约翰·利特与双日公司副总裁米尔顿·伦英相聚在法兰克福书展。自 1962 年以来,双日公司一直寻求在美国之外建立一家图书俱乐部和邮购分部,而其在英国的策略就是收购走下坡路的俱乐部——重印书学会 40% 的股份。但是,在过去的 3 年中,由于托管人阿兰·波特的遗嘱及后来比利·考林斯的反对,所有的努力均未成功。法兰克福会面的结果是双方达成协议组建合资企业,出资比例是 50∶50。而且双方还决定对重印书学会采取新的方式。双方组建的合资企业命名为图书联合俱乐部,并且首批注入了 100 万英镑资金,与此同时,图书联合俱乐部还得到双日公司有关俱乐部体制及经营的智力支持。

图书联合俱乐部于 1966 年秋正式开业,并在英国著名的两家全国性大报《观察家报》和《星期日泰晤士报》上刊出了彩色广告。因这一广告而招来的会员超过了 1 万人,这一数字占当时俱乐部会员数量的 25%。

图书联合俱乐部的成功直接与下列因素有关:资金保障;图书优秀,价格合理;专业市场调查;在有影响的媒体上作广告;有一个熟知市场直接反馈业务的管理队伍。

根据计划,图书联合俱乐部于 1967 年出资 18 万英镑收购了重印书学会。其主要的竞拍对手是代表奥达姆斯和国际印刷公司的保罗·汉姆林和代表格兰纳达集团的西德尼·波恩斯坦。格兰纳达集团有一个宏伟蓝图,即以其 80 万名电视租赁客户为基础组建一个图书俱乐部,可惜的是这一计划最终未能得以实现。重印书学会在被收购时其会员又从 25 万人降至 3 万人的新低,会费是每人 6 英镑。图书联合俱乐部在收购重印书学会之后立即进行了大规模的重组,将其更名为世界图书俱乐部(World Books),并作为其主要的重印书窗口。1969 年,世界图书俱乐部的会员超过 10 万人。

三、图书俱乐部经营范围扩大

1968 年是英国图书俱乐部经营演变过程中的转折点。虽然大多数书商和许多出版商对图书俱乐部持有极端的矛盾心理,但英国出版商协会和英国书商协会原则上同意准许俱乐部在出版社出书的同时推出俱乐部版并以 25% 的标准折扣向会员供书,这与双日公司的想法不谋而合。同步版(Simultaneous Publication)在美国是一种正常的商业操作行为,而且图书俱乐部与零售业的关系也一直不错。英国的市场条件虽说与美国不同,但仍适合俱乐部的发展。此外,同步版也是图书联合俱乐部未来市场战略的重心,而且这种经营也有利于图书贸易。1971 年,当人们发现书店的经营效率不高,出版商也对每种书的产出不那么满意时,双方同意将小说的折扣提高至 35% 以刺激销售额。这样,自 1975 年 12 月起,同步版俱乐部可与出版商自由商定折扣价,而且与图书的印量没有关系。不过后来的折扣一般为 25%。此外,图书俱乐部要求其会员每年至少要购买 12 本图书,同步版/重印版俱乐部的要求是 6 本。

1968 年 9 月,图书联合俱乐部创办了它的第一个集同步版和重印版于一体的的俱乐部——文学会。由于俱乐部的宣传曝光率极高,到 1968 年年底,俱乐部的会员已逾 2 万人。精明的经营与出色的编辑相结合,从而确保了俱乐部业务的稳步增长。由于世界图书俱乐部的成功,图书联合俱乐部来了一个开门红,并逐步占领了俱乐部市场,成为这一市场的龙头企业。1973 年,文学会的会员数量超过了世界图书俱乐部,达到 15 万人,到 1976 年增至 25 万人,与原先的重印书学会持平。约翰·利茨于 1969 年年底离开了图书联合俱乐部去经营专门的重印书俱乐部——弗利奥学会(The Folio Society)。取而代之的是安托尼·古尔德·大卫斯,此人是文学会的对手——每月一书俱乐部的创办人。

到目前为止,良友俱乐部和弗伊尔斯图书俱乐部经营的仍然是纯粹的重印书。此类书的推广投入不大,而且也多为小说。这两家俱乐部的会员中有 75% 是女性。

1971 年,大卫与查尔斯出版社兼并了读者联盟俱乐部,其会员是 1.9 万人。该俱乐部在其峰年 50 年代时有会员 4 万人。读者联盟俱乐部在易主之后改为经营同步版和重印版,并继续在非小说上吸纳会员。

在英国图书俱乐部大家庭中还有两位新成员——娱乐圈有限公司(Leisure Circle Ltd)和全国图书服务公司。这两家俱乐部均属"同步重印"类型。娱乐圈有限公司(创办于 1977 年 4 月)的销售攻势更强,推广技巧主要是上门推销和报刊广告,其 80% 的会员是女性。全国图书服务公司(创办于 1979 年秋)的目标与文学会一样,推广技巧属于传统的报刊广告和直接邮寄。

四、图书俱乐部市场规模

在英国,图书俱乐部是图书市场的一支关键队伍。每年通过俱乐部销售的图书在 2 亿英镑左右,占整个图书市场的 11%。从会员人数来看,英国目前共有 270 万人左右。图书联合俱乐部的会员最多,为 180 万人。

广告宣传一直是图书俱乐部的生命线,选择最佳媒体、把握最佳时机是俱乐部优先考虑的问题。接下来就是广告投入。1994 年英国图书俱乐部用于图书的广告费用是 1 906.7 万英镑。

五、主要的图书俱乐部

图书俱乐部的宗旨就是赚钱,因此在销售方法上也不会存在利他行为。实际上,英国图书俱乐部所使用的吸引会员的方法绝大多数是苛刻的。不过,会员制提供了大量的折扣。英国的邮购出版总的来讲与德国、法国或美国一样从未繁荣过。图书俱乐部在第二次世界大战之后有过一次发展高峰之后就一直将就度日。到目前为止,英国的图书俱乐部的实力仍然弱于美国。与美国相比,在英国图书俱乐部的吸引力不大主要有以下几个因素:

(1) 英国有较好和完善的公共图书馆系统;

(2) 与人口相比,英国有更多的书店;

(3) 来自平装书的竞争弱于美国;

(4) 英国人对会员制及其要尽的义务颇有微辞。

从会员的年龄来看,一般是35岁以下,而且受过中等以上教育。加入俱乐部的高峰年龄是35岁—44岁。

1. 图书联合俱乐部

图书联合俱乐部是英国最大的图书俱乐部,有会员180万,拥有20家图书俱乐部和5家图书企业。这20家俱乐部是:

文学会	军事会
每月一书俱乐部	艺术会
世界图书	读者选择
故事大师	英国传统会
神秘会	家庭与花园会
军事图书学会	自然世界
历史会	偶遇者
古代历史图书俱乐部	铁路图书俱乐部
家庭图书俱乐部	航海图书俱乐部
传记图书俱乐部	图书爱好者

2. 读者联盟

读者联盟拥有会员25万人。其所辖的俱乐部有乡村图书俱乐部、科幻小说俱乐部、运动员图书俱乐部、读者俱乐部、艺术图书学会、工艺图书学会和园艺图书学会。

3. 全国图书服务公司

该俱乐部有会员12万,所发行的图书中小说占48%,儿童读物占16%,艺术图书占11%,传记占8%,自然历史和体育各占6%,历史占5%。

第七节 图书批发

图书发行效率低历来是英国出版业的老大难问题,也是发展出版业需要解决的根本问题。但是自1996年以来,包括图书批发在内的英国图书发行业焕发了生机,取得了突飞猛进的发展。这与英国图书批发业的大环境和批发公司的小环境的变革是分不开的。从大环境来看,英国主要采取了两大措施来激活图书批发市场。一是取消图书定价,二是政府牵头,组织全行业商讨对策。

一、取消图书定价,激活图书零售与批发

1996年,英国宣布取消存在了近1个世纪的图书定价制度,这无疑动摇了英国出版业赖以存在的根基。那么效果如何呢?图书销售领域对这一措施极为欢迎,因为书店可以根据市场行情灵活掌握书价,图书批发商也可以在折扣方面获得更多的实惠。据报道,自取消图书定价制度之后,英国的图书批发市场异常繁荣。加德纳斯图书批发公司1996年的营业额上升了32%,达到3 690万英镑,利润上升了20%,达到160万英镑。

二、政府牵头，组织行业评估，找问题，研究对策

从1997年7月开始，由英国政府有关部门出资10万英镑并牵头，联合出版、批发、零售和研究等领域的机构对包括图书批发在内的整个发行业进行了一次为期3个阶段的全行业评估和调研，其目的是找出问题，制定措施，提高图书批发和发行效率。据这次调查所发布的研究报告——《图书发行挑战报告》透露，英国书业每年用于图书发行的成本是7.5亿英镑，其中有1.5亿英镑是可以节省的。对出版社来讲，用于图书发行的成本占到其营业额的13%，这大大高于英国的其他任何一个行业。英国消费品生产商用于发行的平均成本只占其销售额的6%。而仅图书退货一项每年就给书业造成1亿英镑的损失。每退还一本书，出版社要支付1英镑，零售商要支付50便士。

报告认为，发行成本高的原因有3多，即出版社数量多、图书出版品种多和零售窗口多。英国有1.5万多家出版社向书店供货，但却没有一家出版社的市场份额超过9%。在英国书商协会注册的个体书店有3 300多家，但是包括W. H. 史密斯、瓦特斯通和迪龙等在内的大型连锁书店的销售总额却占到整个图书零售总额的42%。英国主要书店80%的图书来自29家批发和发行公司及53家出版社。报告认为，尽管如此，但英国书业界的垄断程度依然很低，这就使得英国书业呈现出多头贸易关系的特征。这无形之中就增加了发行环节。

报告指出，英国书业没能有效地利用规模经济。英国的图书发行业尽管引进了EPOS电子系统，但发行机制依然无法满足当今书店订单批量小而进货次数多的要求。平均来讲，发行商库存销售时间是41周，批发商是7周，书店是16周。而这一期限是音乐制品行业的3倍。报告将图书发行业描述成是一个“复杂、敌对、缺乏合作”的行业，并说这正是阻碍发行业变革的阻力所在。因此，报告建议，图书发行业要想取得突破，就必须从减少图书流通环节入手。图书流通渠道的增加无疑将会增加图书与消费者见面的机会，但是，如果渠道过分分散，势必会增加发行成本，反而会降低图书发行效率。所以，解决图书发行问题的关键将是如何进一步提高图书发行领域的垄断程度，提高和扩大图书批发公司的实力和

市场份额,充分发挥图书批发公司的规模效益。

三、活力来自企业的变革

从小环境来看,英国的图书批发市场基本上为4大批发公司所控制,他们的一举一动左右着整个图书批发业。所以说英国图书批发市场上的竞争实际上就是这4家公司之间的明争暗斗。这四巨头分别是博特拉姆斯公司(Bertrams)、加德纳斯公司(Gardners)、希思考特公司(Heathcote)和THE公司。1994年,著名的图书批发公司巴尼考茨公司被挤出批发市场,一时间成为各大报章争相报道的新闻,其竞争程度由此可略见一斑。

1. 服务水平的3个硬指标

为了在市场竞争中立于不败之地,这4家公司均把注意力集中在如何提高服务水平上,并注重发挥自己的优势,形成各自的特色。在服务水平方面,这4家公司一致认为有3个关键的硬指标,即存货品种数量、发货速度和价格。1998年,加德纳斯批发公司的品种由10万种扩大至16万种。2002年达到了20万种。博特拉姆斯公司的备货品种也达到了15万种,并计划在今后几年内达到25万种。THE公司的库存图书量几乎翻了一番,达到11万种。希思考特公司的存书总量是6.5万种。在增加库存图书品种的同时,这些公司所采取的另一项措施就是缩短供货时间。他们基本上可以做到当天下午5时接到订单,第二天中午之前发货,最迟不超过下午5时。

随着竞争的不断激化,图书批发折扣成了批发公司的另一张王牌。在特定一段时期内,对某类图书进行有奖批发或给予高折扣是英国图书批发商们惯于采用的一种推销手法。例如,博特拉姆斯公司实施的名叫"快乐一小时"的批发计划,规定在每周把某一小时定为特殊时间段,在这一小时内所有订户可额外享受5%的折扣。而THE公司则以红包的形式刺激客户。另一优惠条件就是允许退货。退货是客户在订货时优先考虑的重要因素之一,对于新书来讲更是如此。在英国,图书批发公司大都允许退货,基本退货率为5%,但对主要客户来讲存在着商量的余地。例如,博特拉姆斯公司就允许其新书退货率为20%。为了尽量降低退货率，帮助书店提高进货准确度，英国所有的批发商都每月向书店寄送“新书订购指南”，有的以小册子的形式，有的则以 CD 的形式，其中包括新书主要信息：内容梗概、作者介绍、书评摘录等。

2. 新技术的应用是未来成败的关键

随着新技术在出版发行中的应用，这四巨头也在新技术的运用方面展开了竞争。在这方面加德纳斯公司起步最早。该公司早在 1990 年就引进 Gardlink 订单处理系统，不久又增加了存货管理功能并与国际互联网联网，实现了联机批发图书。THE 公司则投资 300 万英镑开发书库管理系统以提高图书周转率，减少失误和损失。另两家批发公司则采取了与软件开发商合作的方式。例如，博特拉姆斯公司引进 Bertline 系统，使用视窗软件处理订货。为了确保发货准确，公司采取了双保险策略，即在处理订单、分货、发货及包装运输等方面，除了由计算机管理之外，在每一道工序上还要进行人工清点核查。随着网络技术的发展，英国图书批发公司也积极开拓新的业务渠道。他们通过网络链接和互联网订购为客户提供全套网络服务。THE 图书批发公司在 1991 年 1 月份紧随博特拉姆斯和加德纳斯图书批发公司之后开始向客户提供互联网服务。加德纳斯图书批发公司刚刚开发出了一种名为 Gardcall 的交互式声讯应答系统，能够使书店 24 小时内通过电话输入国际标准书号来查验备货、价格和折扣等情况。

此外，这四巨头还在营业时间方面下功夫。英国的书店在周末一般是不营业的。但从 1994 年起，图书批发商打破这一惯例，并相继延长营业时间。由于发行效率的提高，英国书店进货政策发生了巨大变化。许多书店纷纷抛开出版社，转向批发商进货，从而使得图书批发额急剧上升。到目前为止，加德纳斯图书批发公司的客户已经超过 8 000 家。博特拉姆斯公司的营业额达到 6 000 万英镑。所以说，由于技术革新和服务的改善，英国图书批发商已经成为解决图书发行难的一种有效途径。

英国图书批发商对未来充满信心。加德纳斯图书批发公司经理乔纳森·里特尔认为，图书批发商只要能够确保自己在图书供应链条中占据中心地位，那么未来就是光明的。博特拉姆斯图书批发公司经理朱里安·里沃斯也持类似的观点。他说：“对于图书批发商来说，关键是如何加强其在图书发行环节中的关键作用。几年前，图书批发商仅仅是图书发行环节的附属品。现在则不同了,我们已经成为图书发行链条中不可或缺的重要部分。这都是因为我们在数据和技术管理方面所发挥的中心作用使然。”THE 图书批发公司经理菲尔·斯卡里特认为,英国书店和出版社现在已经认识到了图书批发商在节省成本和提高效率方面的重要性。他说:“图书批发商应该成为书店的书库。这种做法在其他行业相当普遍,应在出版业大力推广。”

博特拉姆斯和加德纳斯图书批发公司预计,他们将为出版社担负越来越多的图书发行工作。后者已经承包了一些出版社的图书发行业务。在今后几年中,批发商、发行商、书店和出版社将会因网络技术的发展而受益匪浅。随着诸如订单、付款及退货授权等信息的数字化,图书批发的成本将会大大降低。

第八节

儿童图书市场

儿童图书市场毫无疑问非常重要,而且要比人们经常提到的言情小说、犯罪小说或者文学小说市场要大得多。在英国,儿童图书占整个图书贸易总值的10%还多,而且其影响是无法用数字来衡量的,因为它关乎国家的未来和民族的素质。

一、儿童图书市场规模

自20世纪80年代末以来,英国的儿童图书市场一直保持稳定增长。从英国整个儿童图书市场来看,值得注意的是,其在海外的销售额要占其国内销售额的一半左右。这不仅包括图书实物的出口,而且还包括合作出版的收益、版权收入及版税。

要想得到英国儿童图书的出版册数信息是非常困难的。目前唯一的信息来源就是《图书与消费者》有关成人为儿童从零售窗口或通过邮寄购买的图书数量。英国每年出版儿童图书约7 000种,其中约5 000种是真正的新书。据统计,英国消费者每年以平均3.20英镑一本的价格购买约1亿册图书,其中有1/3是儿童图书。自1989年以来,英国儿童图书品种上升的同时,图书的册数却保持在一个水平上。换句话说,就是在一个基本稳定的市场上,图书品种越来越多,竞争越来越激烈。

二、儿童用于图书的消费

在英国图书市场上,儿童代表着一支主要的购买力量。平均来讲,7岁—16岁的儿童每周有7英镑或者一年有350英镑的钱可以花费。这笔钱来自零花钱、打零工挣的钱等,不包括圣诞节和生日得到的礼金,当然要包括图书券在内的礼品券。随着年龄的增长,这笔资金的数量急剧增长。总的来讲,这些儿童一共占有大约25亿英镑的资金。孩子们所用于图书的花费平均来讲是这笔钱的3.5%,或者说每年9 000万英镑——刚好不到整个儿童图书市场的30%。因此我们可以说,这些儿童每年花5 000万英镑给自己买书,这不包括用图书券购买的图书。

儿童资金消费

	平均每周花费(单位:英镑)	每周总花费(100万英镑)	图书花费比例(%)	每周图书总花费(100万英镑)	年图书总花费(100万英镑)
7岁—8岁	2.32	3.5	6	0.2	10.4
9岁—10岁	3.57	5.2	7	0.35	18.2
11岁—12岁	4.61	6.7	6	0.4	20.8
13岁—14岁	8	11.7	3	0.35	18.2
15岁—16岁	15.93	20.9	2	0.42	21.8
男孩	6.71	24.2	2—3	0.6	31.2
女孩	6.82	23.8	5	1.12	58.2
总计	6.77	48	3—4	1.72	89.4

三、儿童阅读爱好

据一项调查显示，英国 11 岁—19 岁的儿童所喜爱的图书类别如下：

英国 11 岁—19 岁的儿童所喜爱的图书类别

所喜爱的图书	11 岁—14 岁(%)	15 岁—19 岁(%)
惊险/犯罪	30	31
恐怖	34	29
言情	17	25
科幻	23	21
猜谜	32	14
传记/自传	6	16

那么，孩子们在选书时又有些什么标准呢？对此，图书市场调查有限公司进行了专门调查。详情见下表。

儿童选书标准统计

	4 岁—7 岁		11 岁—16 岁	
	男(%)	女(%)	男(%)	女(%)
书　　名	9	35	24	18
封面照片	17	6	—	6
封面文字	9	—	9	22
插　　图	30	19	7	5
听　　说	4	6	14	5
别人建议	—	3	22	23

四、成人购买者

据《图书与消费者》统计，英国 40% 的成人一年至少购买一本儿童图书，而且主要是从零售窗口购买。一般来讲，典型的成人购书者是母亲，而且事实也是如此，最多的成人购书者年龄在 25 岁—44 岁。并且是有 15 岁左右的孩子的女性。但是问题也不那么简单，近 40% 的购书者是男性,其中25%年龄在55岁以上,40%没有15岁以下的孩子。

成人购书者统计

	购买(%)	所占人数比例(%)
总 计	44	100
男 性	34	38
女 性	54	62
15岁—24岁	30	11
25岁—44岁	61	49
45岁以上	37	40
有孩子的	66	56
无孩子的	31	44

五、儿童图书市场构成

1. 零售网点

英国儿童图书零售网点众多,而且随着非传统售书渠道如超级市场、校园书市及上门推销等手段的增多,儿童图书更加普及。据图书市场调查有限公司的调查,英国有一半的儿童读物销售额是经由零售书店实现的,因此,零售店仍是儿童读物的主要发售渠道。其次就是图书俱乐部和邮寄。

儿童读物发售渠道统计

	销 售 额	
	百万英镑	所占比例(%)
零 售	89	49
直接邮购	37	21
学校图书俱乐部/书市	19	11
学 校	18	10
公共图书馆	17	9
出版社总销售额	180	100

如果只看消费市场，据图书市场调查有限公司进行的“为儿童购书”调查，零售店几乎占80%的图书量和75%的销售额。

儿童读物购买渠道统计

	册数(%)	销售额(%)
图书与文具店	21	22
综合书店	14	17
降价书店	10	6
儿童书店	3	4
超市	8	6
玩具店	5	4
连锁店/百货商场	3	4
CTN 连锁店	3	3
其他零售	11	7
所有零售	79	80
通过学校	3	3
儿童图书俱乐部	6	7
其他直接邮购	4	7
所有邮购	10	13
其他	8	8

另一个有趣的结果就是当我们看下面的统计时，就可以发现小读者在购书时会经常光顾哪些窗口。

小读者在购书时经常光顾的网点统计

	4岁—7岁(%)	7岁—11岁(%)	11岁—16岁(%)
书　　店	48	37	42
书　　市	10	7	5
校园书店	18	7	5
报 刊 亭	12	14	19
超　　市	20	5	5
连 锁 店	18	8	12

2. 图书类别

从图书类别来看,非小说尽管得到了大量宣传推广,而且近年来也是发展最快的,变化也是最大的,但小说仍继续在数量和销售方面占统治地位,而且这一趋势仍将持续很长时间。此类读物将是出版社争抢的领域。据来自公共图书馆的数据表明,非小说的借阅率占所有儿童读物的23%,与非小说销售额占全部销售额的25%的比例相接近。

3. 图书与其他媒介

在探讨儿童图书阅读率时,如果将图书孤立起来看是不明智的。因此图书市场调查有限公司在调查时扩大了问题的范围。结果发现,男孩大都选择计算机游戏,但随着年龄的增长其对阅读的兴趣也在变浓。11岁以下的女孩则更愿读书,但年龄越大越愿看电视。英国儿童的图书阅读情况还算不错,不过很明显,女孩的阅读兴趣要比男孩浓。

儿童喜爱的活动统计

	4 岁—7 岁		7 岁—11 岁		11 岁—16 岁	
	男(%)	女(%)	男(%)	女(%)	男(%)	女(%)
观看喜爱的电视节目	30	23	28	20	24	59
玩新的计算机游戏	61	37	52	26	55	8
阅读一本好书	9	40	20	54	22	33

4. 磁带书

磁带书市场尽管不大,但却是儿童图书市场非常重要的一部分。大约10%的成人每年要给孩子购买一套磁带书。据一项调查显示,随着年龄的增长,儿童听磁带书的数量在减少。4 岁—7 岁的儿童中 85% 喜爱听磁带书,7 岁—11 岁的有 70%,11 岁—16 岁的只有 30%。另外英国约有 5 万名有视力缺陷的儿童,他们的阅读方式主要是听书。

六、政府关注儿童文学的发展

英国艺术委员会计划为儿童文学制定一个全国发展战略。这一举措受到了儿童书业界的欢迎。新的发展战略将把重点放在儿童读物创作和发行方面,旨在建立一个读者的国度,而不仅仅是一个能够阅读的国度。

英国艺术委员会已经公布了一个名为《从穿衣镜到望远镜》的调查报告,其中包含了该委员会最终的建议。据悉,对儿童文学进行如此大规模的评估,这在英国还是首次。该调查涉及作者、插图者、出版与发行、读者与图书馆、儿童文学推广与教育、培训与调研等。

英国艺术委员会对调查的结果非常重视,它希望创造一个儿童阅读基础结构,并以此来促进图书的推广,提高儿童文学知名度和为该委员会参与儿童文学资助提供一个可资借鉴的依据。

这种调查此前没有过,本次调查是该委员会重组的结果。英国艺术委员会文学部主任加里·麦克考恩说:"我们的重点不仅仅是资助。我们是想以一种战略性的方式来对待儿童文学。"此外,该委员会的重点也发生了变化:现在,青少年成为优先考虑的对象。大批资助资金已经下拨给了儿童文学资助机构,如图书信托机构(BookTrust),阅读局(The Reading Agency)和英国作者教育协会(National Association for Writers in Education)等组织。麦克考恩说:"我们希望这些组织能够帮助我们实施这一计划。"

不过,他强调说这次调查不是空头支票。"这份文件不是关于资助的。我们希望它更具创造性和全面性。我们进行的资助是分地方和全国两个方式进行的。"在地区方面,他说:"我们的9个地区办事处负责处理名为艺术资助的项目。例如,如果我们发现这些项目资金不足,我们就会下拨更多的资金。"从全国来讲,英国艺术委员会将负责那些大型项目的运作。从2004年4月开始,一个名为"灵活基金"的项目将设立用来进行全国性的资助。例如,该项目也可以用来支持图书馆和教师培训计划。从理论上来说,儿童文学将会得到更多的资金资助。英国艺术委员会鼓励各方积极参与,提意见和建议,围绕该文件的一系列研讨会也将在全国陆续举办。

英国出版商协会儿童读物部主任爱林纳·麦克卡德说:"对儿童读物而言,这是一份非常重要的文献。其他文学领域都有类似的战略文献,但儿童文学却没有,现在是时候了。"全国阅读推广组织顾问里兹·阿顿伯罗补充说:"有的人在看了文献之后说没提到这,没提到那。不过我们应该注意到艺术委员会制定这一战略的初衷,那就是我们能为儿童文学做些什么,因此我希望有更多的人能够给予积极的回应。"以下是该文献所涉及的主要领域。

1. 教育、培训与调研

英国艺术委员会希望资助儿童文学的创造性教育。它认识到教师在发掘优秀儿童文学方面需要更多的帮助。学校图书馆同样需要支持。文件指出,16 家地方当局没有对学校图书馆支持的正式条文。该委员会将全面考察教师是如何接触儿童文学作品的。麦克考恩说:“我们将考虑教师是如何认识儿童文学及他们又是如何更新知识的。”

和许多出版商一样,爱林纳·麦克卡德作为善知鸟出版社的营销总监也希望看到儿童文学成为教师培训课程的一部分。她说:“我们需要确保每个教师都知道把孩子变成读者绝对是其工作的一部分。”哈珀·柯林斯出版公司儿童图书部经理萨里·格里顿说:“教师需要一个充分的理由来花时间阅读儿童读物。知道图书的重要性并不等于知道图书是如何可以帮助其成为一个更加有效的教师。”

鉴于许多教师培训组织侧重于学校规范等,该委员会认为应该在提高和扩大教师知识面上下工夫。此外,英国博物馆、档案和图书馆委员会也公布了一个非常有实际意义的计划,以此来为教师全面了解儿童文学奠定一个结构性的基础。英国博物馆、档案和图书馆委员会负责人乔纳森·道格拉斯说:“我们希望学校图书馆服务能够进入教师培训中心,并开展儿童文学和图书馆服务方面的培训。”为此,他希望英国艺术委员会需要和他这样的地区性培训机构进行通力合作。

2. 读者与图书馆

英国艺术委员会把自己看成是图书馆服务的倡导者,并对全国性的阅读推广项目进行资助。该委员会的文学部负责人说:“我们无法重复使用资金,我们更无法把全部的资金都用在图书馆方面。不过我们可以帮助图书馆提升服务。”目前,英国艺术委员会已经开展的资助项目包括阅读推广周和图书赠阅活动等,其目的就是帮助公共图书馆获得长远的发展。

3. 儿童文学推广

英国艺术委员会认为儿童文学推广和培育儿童读物阅读需要一个更加结构性的方式来进行。“我们对现有的项目进行全面的评估。阅读推广周开展的目的是让儿童对阅读感兴趣,而且值得去看,而不仅仅是宣传阅读对你有好处这样的观念。我们还将考察其他艺术机构是如何通过举办活动来促进阅读的。”

英国艺术委员会希望通过媒体来帮助改变对儿童文学的观念。不过要想使媒体来关注儿童文学需要付出很大的努力。出版社也希望建立一个全国性的儿童文学媒体中心来创作故事,并和媒体打交道。在这方面,目前的英国儿童读物中心可以在儿童读物推广和儿童文学调研方面发挥更大的作用。

沃克尔图书公司营销总监爱里森·莫里森建议英国艺术委员会可以采取一些更为可行的措施。据悉,该委员会已经制作了许多艺术节指南。有关剧院、画廊及教师培训中心的地区指南将会为出版社提供帮助,这样,出版社在进行作者签售期间就不会错过一些机会了。

4. 作者与插图者

委员会的报告建议儿童读物作家应该得到更好的待遇,应该获得像其他领域作家那样的知名度和机会。例如,有多少儿童读物作家的作品曾经被报刊所连载呢? 儿童读物作家是否有资格赢得布克图书奖呢?

该委员会正在考虑通过宣传和资助等途径来帮助作者和插图者提高知名度。爱里森·莫里森说:“我们需要向社会传达一种信息,那就是这些人是真正的作家,他们不是出于什么爱好才创作的。正因为他们,孩子们才对文学发生了兴趣。如果他们不成功,你如何让儿童对文学感兴趣呢?”

并非所有的作者或插图者支持通过捐助来资助儿童读物作者的想法。作家菲里普·普尔曼说:“不要资助作家,去资助结构吧。把内容评估的任务留给编辑去做吧,但要给编辑提供便利以便帮助那些不可能成功的图书和作者看到一线曙光。”他还提出了鼓励儿童、父母和教师喜爱文学的其他方式。更为重要的是,他为我们描述了文学社会的理想蓝图。他说:“想象一下,假如每一对初为人父人母的父母在孩子出世的时候都可以得到一本有关护理和童话的书,那么这个国家该有多么美。假如每一位年轻教师在毕业的时候可以得到类似的礼物,一本神话和传奇的书,或一本民间故事或一本诗集,那么人们就会情不自禁地意识到:这是我们的文化所孕育出的最伟大的东西,她属于大家。这是给你的,拿去吧,珍视她吧,欣赏她吧,每一天。”

第三章

法国出版业

直到19世纪,法国才出现了出版业这个新生行业。20世纪后,法国出版业由于经历了3次合并运动发生了巨大变化。第一次合并运动发生于20世纪五六十年代,各自吞并了多家出版社之后,出版业形成了三巨头——阿歇特(Hachette)、伽里玛(Gallimard)和西岱出版社(Les Presses de la Cité)。第二次合并运动发生于20世纪八九十年代:拉加德尔集团掌握了阿歇特41%的股权。西岱出版社被维旺迪(Vivendi)集团控制,其母公司维旺迪环球出版公司(Vivendi Universal Publishing)又吞并了拉胡斯(Larousse)、纳森(Nathan)等多家出版社。它们和弗拉马里翁集团(Groupe Flammaron)、阿斌·米歇尔集团(Groupe Albin Michel)、塞伊出版社(Seuil)、伽里玛集团这6家公司一起控制了市场75%的份额。第三次合并运动从21世纪初开始。拉加德尔集团在2002年底购得了维旺迪环球出版公司,成为法国出版业的垄断集团。它占据了82%的教科书市场和98%的词典市场,在图书发行业中也拥有60%的份额。2004年5月,温得尔集团(Wendel Investissements)收购环球出版公司一部分,并与拉加德尔集团合并成立了埃迪蒂集团(Editis)。马蒂尼耶兼并塞伊出版社后,年营业额达到2.6亿欧元。

阿歇特出版集团是法国第一大出版商,其国际出版经营活动已经扩大到全球29个国家和地区,其年收入的40%来自海外市场。阿歇特参与媒体产业各个方面的经营,包括图书、杂志、报纸的出版和发行,以及无线电广播。集团旗下有6个子集团:大众文学、教育、插图读物、丛书、分销和国际。2002年法国50%的中小学教科书由该公司出版,并发行95%的报刊。2006年2月并购时代华纳出版集团之后,阿歇特出版集团年收入超过20亿欧元,成为全球第三大大众读物出版商。

第一节

出版业概述

2004年,法国出版图书52 231种,比上年增长18.3%。文学仍然是最主要的部分,占39%,其后是社会科学,占19.1%。从经济方面来看,出版业属于一个小的经济行业,但它在文化行业中又数老大,超过了影视、唱片业。法国政府重视出版,政府有专门管理出版业的机构——文化与传播部下设的图书与阅读局,该局的主要任务是负责对全国出版和阅读活动进行指导与资助。出版业已成为法国的"第一文化产业"。

2004年,法国大约有出版社2 400家。400多家是出版商联合会的实际成员,可以被认为是该行业的正规军。它们大部分位于巴黎。

如果不是有阿歇特和西岱出版社两大出版商,法国的杂志和图书出版将是两个不同的产业,不管是出版还是发行。一直到20世纪70年代,大多数出版社是中小型家族企业,阿歇特几乎垄断发行。然而最近20年来,该行业的一些兼并产生了巨大的全方位的重组联合体。一些大型的家族出版社建立了自己的发行公司,吸引小型出版社加入。在重组联合的过程中,由于伽里玛、塞伊出版社和弗拉马里翁集团在平装书市场上的崛起,阿歇特集团失去了其在平装本的垄断地位。该行业目前的情景是:几大企业为主导,小型家族企业、小型公司情景黯淡。

第二节

图书发行

法国的新书是委托销售的。出版商制定固定的零售价格(包括5%的增值税)。大多数出版商依靠自己的发行商,通常是附属公司。它们还经常为小出版社发行。阿歇特为数十家出版社发行。1992年,发行商得到书价的10%—15%,而书店得到大约30%—35%。同时还有销售代表,他们得到大约10%的份额。对于小型出版社而言,这意味着有时他们的份额可以低到每本书定价的40%。而另一方面,拥有自己发行人和内部销售代表的大型出版商,可以得到图书价格的55%。2004年,法国一本图书的价格构成为:作者12%,出版社15%,印制者16%,分销者11%,发行者6%,零售商34%,增值税6%。

2004年,法国有2.5万个图书销售网点:书店6 000多个,占销售点的43%,报刊销售处占34%,大型零售点/超市占23%。法国大约有1 000家大型超市,销售5 000—20 000种图书,某些大型书店销售超过1万种图书。在大型超市中,袖珍书籍、青少年课外读物和字典较为畅销,平均销售价格也较低,不到10欧元。书籍占大型超市销售额的1%,占多媒体大卖场(220个销售点)营业额的20%—25%。其中,福耐克(FNAC)的67家分店占多媒体大卖场销售额的半壁江山。电子销售渠道具有强劲发展之势,占法国图书总销售额的2%—3%,其中最著名的就是美国的亚马孙网上书店。

在法国,2万多家书店和销售点可以将一年内未售出的图书返回。平均退货率为营业额的22%。书商们每月按规定大约接收4次新书,也就是每月大约有100册新书从出版社到达书店。然而,小型书店试着联合起来形成集团,从出版商和发行商那里争取更多的份额。近年来的主导趋势是,所谓的多媒体书店,也就是福耐克和维京多媒体店(Virgin

Megastores)，其市场占有率迅速扩大。

另外，值得注意的是读者俱乐部，比如法国书友会(France Loisirs)是德国贝塔斯曼的企业，1992年旗下有420万用户，有季刊目录，全国有191家网点，法国书友会每年销售价值17亿法郎的图书。其成功之处在于图书可以8折销售。这种折扣在首次印刷后9个月重印时，是法律允许的。

表1　法国出版社概况一览表

	2004年	2003年	1991年	1990年
出版图书总数量	52 231种	44 145种	24 041种	21 143种
出版册数	4.36亿册	—	—	386万册
总销售量	24.65亿欧元	23.93亿欧元	133亿法郎(除邮购)	—
出版社数量《法国出版社指南》登录	2 400家	—	987家(850多家出版了超过一种图书	850家
出口总额	63 741.2万欧元	630 122千欧元	3 159亿法郎	—
进口总额	49 284万欧元	582 881千欧元	3 468亿法郎	—

表2　法国近5年图书出版种类数量表(单位：种)

类　别	2001年	2002年	2003年	2004年	2005年
社会科学	6 799	6 751	5 976	7 766	7 655
实用科学	4 349	4 275	4 374	5 252	5 516
艺术	3 115	3 164	3 175	3 656	4 223
小说	6 698	6 801	6 821	7 549	7 435
青少年读物	5 459	5 651	5 870	6 588	6 410
总计	44 618	45 787	44 145	52 231	53 462

●(注：图书类别仅统计5种)

表 3 2001 年—2005 年各类图书种数(单位:种)

年代	新书与再版图书	社会学类图书	实用类图书	艺术类图书	小说	青少年图书
2001	44 618	6 799	4 349	3 115	6 698	5 459
2002	45 787	6 751	4 275	3 164	6 801	5 651
2003	44 145	5 976	4 374	3 175	6 821	5 870
2004	52 231	7 766	5 252	3 656	7 549	6 588
2005	53 462	7 655	5 516	4 223	7 435	6 410

表 4 2001 年—2005 年法国各种图书的增减百分比

类别	百分比
哲学政治	−23%
国际政治	−5%
经济	−10%
法律	+6%
历史	−4%
地理	−33%
语言	+28%
技术	−7%
实用类图书明细表	
园艺	+28%
医学	−2%
烹调	+16%
管理	−1%
家禽和畜牧	+21%
艺术类图书明细表	
绘画和刻印艺术	+20%
装饰艺术和时装创意	+33%
音乐	+21.7%
雕塑	+15%
城市规划和风景	+21%
戏剧表演艺术	+31%
摄影	+14%
电影与电视	+31%

(以上数据均源自法国《图书周刊》)

第三节

政府对出版业的支持与保护

法国加入了所有主要的国际著作权相关条约。在法国,作品被保护到作者去世后50年。通常,作者授予出版商附属版权(电视、电影、国外版权、俱乐部和平装本等)。法国的外文版权市场很繁荣,主要是由于邻近欧洲邻邦,文化交流成为日常现象。法国的最大客户有比利时、瑞士、加拿大,但美国很不欢迎外文书译成英文。日本也是法国出版商比较好的客户,2004年进口价值614.2万欧元的法国图书。由于图画书、儿童读物、非小说类散文文学的逐渐普及,法国文学正在失去其主导地位。

法国人更多地是从期限上来看待版权合同,认为版权合同既有作品在道德层面的意义,也有财产权方面的意义,这与德国和中国有所不同,后者更多地是把版权合同看成是为了规范作者和出版者之间的关系而达成的一种结果。

法国是承诺开放出版的世贸组织成员之一。很少有几个国家能够像法国那样给书业提供如此多的资助。政府每年给报业的资助金额约25亿法郎,相当于报业年营业额的15%。法国政府还设有多种补贴,如创作补助费、鼓励创作费、创作准备费(主要用于文学、哲学、社科等成套著作的创作计划),以给作者从事创作活动提供必要的资助。另外,文化部还给民间创作组织,例如全国文联、作家协会等提供活动经费,还支持地方建立文学创作中心等群众性创作机构,并给予一定的经费补贴。从1977年到1986年,法国政府对图书出版发行的财政补贴累计达4 027万法郎。

根据1995年4月19日签署的一项协议,政府每年从连锁企业上缴的税金中提出3亿法郎来扶持和保护小书店的生存和发展。营业面积不足400平方英尺的书店可获70万法郎的资助。法国人在保护本国文化方面可谓不遗余力。为了使书店在竞争激烈的图书市场上处于较为有利的地位,政府相继成立了几个专门的机构。法国出版创作开发协会(主要任务是向书店提供借款和直接资助)资金为 15 万法郎,其中一部分来自法国文化部,其余由这些出版社提供,即从这些出版社在书店的图书销售额中提取 0.15% 的税金。这笔钱用于帮助书店更新设备、扩建、计算机管理和开办新店等。这笔款项共分两部分:无息贷款和直接资助。到 1996 年 3 月,该机构已办理 211 笔资助项目,涉及 164 家书店,总金额达到 400 万法郎,其中 92% 是无息贷款,8% 为无偿资助。法国国家图书中心向书店提供贷款和资助,以保护独立书店免受连锁书店的竞争威胁。该组织的总预算资金为 1.2 亿法郎,其中 20% 由文化部提供,其余是向复制收费征税和向出版社征收 0.1% 的书店销售税金。其中 20 万法郎为无息贷款,偿还期为 8 年,1 亿法郎为流动资金,用于资助包括书店在内的众多文化项目。法国文化事业组织向各类文化机构(包括书店)提供资助,资助金额为 2 万法郎。另外书店可凭该机构的证明向银行申请 5 万法郎的低息贷款。

近年来,面对英美词汇随着“信息高速公路”的大量涌入,法国以立法和行政的双重手段加以围追堵截。1992 年,法国宪法第二条下增加“共和国的语言是法语”的附加条款。1994 年通过的《杜蓬法》,规定公共场所的所有标语、公告牌必须用法语书写,原文是其他语种的也要翻译成法语,而且法语字母不能小于原文。违反上述规定的个人和企业,将被处以 5 000 法郎—25 000 法郎不等的罚款。1996 年政府建立专门术语和新词审订委员会,配合法兰西学院的 40 名德高望重的老先生们工作。所有法语新词及其解释都必须由法兰西学院通过,并且在政府公报上发表后才能算数。新词一经正式公布,所有政府机关必须以身作则,在公文中使用这些标准法语新词。

法国政府每年拿出大约 50 亿法郎扶持新闻、文学、艺术、音乐、电视、电影等行业。1996 年起生效的一项法律要求,全法国 1 300 多家电台在每天早上 6:30 到晚上 10:30 之间的音乐节目,必须播送 40% 的法语歌曲。同样,各电视台每年播放法语电影也不得少于 40%,违者处以罚款,罚金用于资助民族文化。法国政府自 1985 年起出台一项政策,规定各电视台必须按照其营业额、按比例出资拍摄并播放国产影片。

由于出版社和书店，尤其是一些小型出版社和书店资金不足，再加上利润低、投资风险大，致使它们从银行贷款困难。为此，政府与出版业相互担保、公司和书业相互担保，公司建立了特殊担保基金，以保证出版社和书店能从银行获得贷款。1985 年，政府对图书业的财政贷款额为8 900 万法郎，是 1981 年的 4 倍。据统计，包括巴黎国民银行、里昂信贷银行和法国对外贸易银行在内的法国几家主要银行共有 15 000 个办事处为出版业提供直接服务。如巴黎国民银行管理着 100 多家出版社的资金账目，并可为出版业发放上亿法郎的贷款。里昂信贷银行可为出版业贷款五六亿法郎。

第四章 德国出版业

由于德国经济疲软而导致图书销售下降,这使得美国畅销书作家感到担心。而更令他们不安的是德国出版社对美国作者的依赖程度在日益减弱,而逐步转向国内作者。那些习惯于将多数图书销往德国的美国人现在感到这个市场不那么稳定了。

德国出版社的社长们说,他们现在更多是从本国挖掘素材,因为德国的创作正在经历一场根本性的变革。德国图书在过去曾经被认为沉重而充满学究气,现在的年轻作家从美国那里学会了撰写故事情节和掌握节奏。美国编辑奥里弗·沃格尔指出,在20世纪70年代,德国作者是受法国作家的影响。从80年代开始,他们转向美国,从美国人那里学会了如何保持既通俗又有文学品位的能力。霍夫曼出版社(Hoffmann)的比特纳·冯·布罗也指出,德国小说过去一直背着“乏味、黑暗和假正经”的名声,而现在的作品让人读起来就轻松多了。不过,她补充说,这并不是说美国作品被全部忽视了。现在,作品在德国销售非常好的美国作家有斯图尔特·奥南、理查德·鲍斯克、唐·德里罗及伊莎贝尔·阿伦德等。再如巴巴拉·伍德在美国算不上畅销书作家,但在德国却红得发紫。而保罗·奥斯特在德国更是取得了只有美国摇滚歌星才可获得的成就。当然,美国一些畅销书大腕的作品依然行销德国,这些作家包括约翰·格里森姆、玛丽·希金斯·克拉克、汤姆·克兰西、麦克尔·克里奇顿及弗兰克·麦考特等。舒尔坎普出版社(Suhrkamp)版权经理比特拉·哈特指出,时下引进美国新人新作是非常困难的。而德国书商则不住地抱怨说:“够了,够了,可别再是美国作品了。”

第一节

出版结构的变化

柏林出版社(Berlin Verlag)社长阿努尔夫·康拉迪指出,从目前与美国方面的版权交易情况来看,尽管小有变化,但可以说依然是单向的。比特拉·哈特说,尽管懂德语的美国编辑极少,但在过去两年中,她感到德国版权在美国的销售在增长。

阿共出版社(Argon)非小说编辑霍尔格·昆兹说,年轻一代的德国作者当中有许多曾在英国或美国接受过教育,现在已经有能力创作优秀的非小说了。昆兹还认为现在德国对美国非小说的兴趣在减弱。“德国人过去是什么都买,因为人们有一种意识,那就是美国代表着未来。人们渴望了解美国社会学家在思考什么”。现在,他负责的书目中德国作品至少占到50%。对于德国出版业来说,这是巨大变化。

德国出版社依然对美国作品感兴趣的同时,也开始转向欧洲,希望在自己的出版大餐中出现欧洲风味。昆兹最近一个成功的例子就是《高尔夫一代》(*Generation Golf*),此书讲的是今日德国青年在前西德地区的生活。他说:“从前,这种书进入畅销排行榜,我连想都不敢想。”霍夫曼出版社非小说编辑简斯·彼得森说,德国出版商在谈论“一场小说危机,就连大腕的作品也不行了。结果所有的出版社都在削减出版量”。本杰明·里伯特的《疯狂》(*Crazy*)销量超过20多万册的事实使彼得森不太担心年轻人不热衷看书,不愿读教条。阿努尔夫·康拉迪建议说,出版社应该能够从过去的作家身上取得新成功。3年前,康拉迪买下了萨特所有再版书的版权,相继重新推出了英文版、意大利语版和荷兰语版。

德国编辑因对经济信心不足而对大批量推出美国作品感到心里没底。同时,这也促使一些出版社进行改革。霍尔兹布林格出版公司(Holtzbrinck)已经进行了大量裁员。舒尔坎普出版社的克里斯托夫·布克瓦尔德指出,在图书销售停滞不前的同时,图书品种却在增长。在这个竞争激烈的市场上,“我们不得不做好每一项工作——市场营销、新闻发布会、行业支持、封面、书名、价格以及口碑”。这使得德国出版业的竞争比过去更趋激烈。

从令人愉快的一面来看,康拉迪感到一切都在好转:“德国经济使得出版业经历3年艰难时期,但形势再次好转起来。在图书零售领域,书店遭受了打击和影响,许多独立书店纷纷关门歇业,但连锁书店获得了发展。”代理人已经广为接受,并成为出版业的一部分。现在,德国共有80余家文学代理机构在营业。阿共出版社总编克里斯蒂安·罗尔说,现在的年轻作者把拥有代理人当成一种成功的象征,而上一代作家也许会认为这样做有些跌份。他们觉得写作不是为了销售而是为了别的什么东西。有些人将代理机构的发展原因部分归于出版社的人事变动。

第二节　现在流行什么

法兰克福的书商们说，目前，侦探小说表现出了强劲的销售势头。他们的畅销书之一就是霍夫曼出版社出版的丹麦作家里莎·马克朗德创作的《奥运圣火》(*Olympic Fire*)。侦探小说流行的另一个例子就是美国作家安德鲁·瓦克斯的作品。和美国一样，一股势头强劲的女性神秘小说潮也席卷德国。法兰克福的艾克鲍恩认为，这一浪潮起源于阿曼达次·克罗斯和法伊尔·凯勒曼作品的出版。总部位于东柏林的阿共出版社也加入这一行列。其出版的作品是俄罗斯作家亚历桑德拉·马里尼纳创作的《手握黑牌：阿纳斯塔西亚的第三案件》(*With Hidden Cards: Anastasija's Third Case*)。

从美国作家方面来看，克里斯托夫·布克瓦尔德说，唐·德里罗的作品销售尚可，因为他向人们讲述了特定时期的美国。斯图尔特·奥南的作品为什么如此畅销，布克瓦尔德在德国报刊上发表了自己的看法。由于商店80%的购物者是女性，出版社必须关注这一市场。他们发现在女性杂志上刊登广告要比在某些报纸上发表书评更能增加销售。

当然，黑马暴冷也是出版业的一个特色。比如，多纳·克罗斯的《教皇朱安》(*Pope Joan*)在美国并不出色，可经奥夫班出版社(Aufban)在德国出版之后，连续近两年位居畅销书排行榜首位，销量超过200万册。奥夫班出版社将其成功的部分原因归于以不同的版本包装，以吸引不同的市场，始终使图书保持在动态之中。目前，德国推销图书最多的是被喻为"德国的奥普拉"的马西尔·雷克·拉尼奇及其支持的长达10年的电视节目。该节目邀请嘉宾和主持人一起侃书。当拉尼奇说喜欢哪一本书时，该书销售额就会直线上升。

罗沃尔特出版社的彼得·维尔夫特指出，和美国一样，平装书成为畅销书是非常困难的，因为书评家的评论从不包括平装书，而且书店也不以专题形式展示平装书。但是人们担心精装书的价格使其难以接近年轻读者。朱迪斯·赫尔曼《避暑家园》（*Summerhouse*）的成功已经引起出版社的关注。奥夫班出版社的雷因哈德·罗恩（Reinhard Rohn）指出，他正在考虑推出更多的平装书。阿共出版社的罗尔说，由于欧元的使用越来越广泛，每本平均成本 40 马克的精装书相当于 20.45 欧元。因此，许多出版社认为后一数字从心理上更容易为消费者所接受。

第五章

俄罗斯出版业

从1996年开始，经历了阵痛之后的俄罗斯出版业逐渐适应了市场经济，开始从无序和混乱中恢复出来。图书出版品种和出版社数量开始上升；印刷企业开始提供更多更好的服务，出版物印刷质量提高，出版周期缩短；出版环境得以改善。伴随着《著作权和相关版权法》的实施及加入《伯尔尼版权公约》，俄罗斯公民的版权意识日益提高，盗版现象得到了一定程度的遏制。但是，影响图书出版业发展的发行问题没有从根本上得到解决。

第一节

1990年—1995年：混乱期

1990年—1995年堪称俄罗斯出版业最为动荡的时代。无论走在莫斯科的大街上，还是进出地铁，你会发现到处都是摆摊的街头小贩，他们兜售的东西五花八门，有香烟、伏特加、糖果、西红柿、面包、果子冻、各类红酒、威士忌果汁、裙子、报纸和杂志等。不过其中最多的是图书。在整个城市的地摊上几乎都可以看到图书。有的摆在木板上，有的摆在塑料布上，有的摆在皮箱外面。不过，你会发现他们所售的图书品种非常有限，而且图书很多是重复的。在俄罗斯各个城市街头热销的图书要么是改革和政务公开化之前的禁书，要么是曾经只能在黑市上高价才能购得的侦探作品。在这种无序的市场环境下，真正有价值的读物被街头小贩所唾弃，因而很难得到出版的机会。

从出版社来看，私有出版社数量大幅上升。从1991年开始，俄罗斯开始实行出版许可制度。按照这一规定，所有新成立的出版社，包括这一规定出台前业已存在的出版社都要在政府有关部门登记注册，取得许可。据有关资料统计，到1994年年底，俄罗斯注册的出版社和出版组织大约有7 000家，其中真正运营的大约为2 000家，有1/3的注册机构并未从事出版业务，而个别的出版社只出版了一两种图书。在7 000家出版机构当中,国有出版社有1 258家。但从图书出版品种方面来说,俄罗斯出版业出现了大幅滑坡。据统计,1994年的图书品种甚至低于1940年的出版水平。

由于那些所谓的“批发商”出手阔绰,只要他们看中某本书,一次的订货量就达到10万册,并且以现金支付,出版社为了生存,纷纷与这些人结关系,搞生意。在这一时期,俄罗斯出版所面对的不仅仅是一个“自由市场”,而且是一个资源丰富的“新大陆”。当时的俄罗斯也是世界上唯一一个市场天平朝出版商倾斜的国家。在图书付印之前,出版商预先和那些所谓的“批发商”(投机商)达成协议,后者愿意包销10万册。当然,这些图书必须得到这些投机商的认可,比如阿加莎·克里斯蒂或艾德加·里斯·巴罗福斯等人的作品。之后,出版商便安排翻译、购买纸张、寻找开价相对便宜的印刷商。在用投机商的现金支付完印制费用后,出版商往往还有相当多的剩余利润。

在印刷方面,从整体上说,提高印刷企业的质量和管理水平势在必行。在俄罗斯印刷企业的产品中,除了用于出口的产品,绝大多数的产品恐怕很难为其他国家出版商所接受。尽管印刷质量非常差,但印刷商向出版商索要的价格却很高。印刷商的价格也是各不相同。印刷商在制定价格上并不依据实际的成本核算,相反,定价的主观性非常强。俄罗斯印刷企业的印制价格要远高于西方同等规模企业的价格。因此,俄罗斯一些出版商更愿意将图书交给芬兰、捷克斯洛伐克和德国的印刷商印刷——他们的价格相对较低,服务更友善,而质量却更高。这也就不难理解为什么俄罗斯一些大印刷企业没有业务,大量设备闲置甚至被关闭了。俄罗斯印刷企业成本高昂最根本的原因在于管理混乱、缺乏规划。有的印刷企业人员过多,一个只需要百人的企业往往实际上的员工数量过千。另外,印刷企业效率低下,一项数天就能完成的工作可能要花上数周甚至几个月的时间。其中的原因就是没有对各项工序进行周密的计划,在印刷中工序脱节是屡见不鲜的现象。

偷盗纸张、私自加印现象严重。有的出版商抱怨印刷商盗窃他们的纸张,而且还私自加印畅销书。这必然会影响出版社的图书销售,因为“批发商”可以从印刷商那里购得价格更低的同质量图书。俄罗斯印刷业依然停留在“管理”即是“权威”的阶段,而不是把管理作为规划生产和产品的手段。对于俄罗斯出版商而言,这是非常不幸的。

从1992年开始,印刷企业要求出版社预付印制费用,再加上纸张价格飞涨,各种形式的出版机构纷纷以各自的方式求生存。有的出版社自行购买纸张,并自办发行;有的出版社则把印刷业务交由国外印刷(因为国外的印制费用低于俄罗斯);有的出版社裁减人员,减少开支;有的出版社则出租办公场地,或者从事与出版毫不相干的业务;有的出版社仅仅依靠重印为生;有的出版社,特别是私营出版社只求利润,大量印制言情、侦探、科幻等通俗读物。盗版现象十分猖獗,有些出版社因此而一夜暴富。

由于出版商可以从批发商那里拿到现金,而且是大批量发货,因此,他们不屑于以赊账的方式向书店少量供货。图书零售商遭受了沉重打击。许多书店关门歇业。勉强幸存下来的书店也不得不将部分店面出租给了地毯商人、家具商人、纪念品小贩,甚至被用做汽车展厅。因此,虽然莫斯科据称有150家书店,实际上却是很难达到。在1989年改革之前,莫斯科大约有220家书店。而到1994年,严格意义上的书店只有50家。

书店可供读者阅读的图书相对不足。即便是莫斯科规模相对较大的一些书店所提供的图书品种也只不过在2 000种左右。而在西欧和北美,同等规模的书店提供的图书品种可能要超过2万种。莫斯科最大的书店如果开在美国,提供的图书品种极有可能要超过10万种。造成图书品种不足的原因是莫斯科的书店对周销量低于50本的图书没有丝毫的兴趣。如此一来,就形成了一种非常奇怪的现象:营业状况相对较好的书店只会从名气较大的出版商那里订购图书,在数量上只相当于出版总量的2%—3%。而在出版商所提供的书目中,多数图书的周销量为5本—10本。莫斯科的书店甚至对寄销制也没有多大兴趣。从西方出版商或书商的角度来看,这些图书无疑过早地被库存了。众所周知,西方书商甚至会经营每周销量只有1本或更低销量的图书。

到1994年,俄罗斯出版业危机重重,陷入一片混乱之中。出版商对着无法卖出的成堆的图书一筹莫展。莫斯科一家著名出版社的库存已经达到300多万册。当初一本图书可以印刷10万至20万册,而现在只能印刷2万册了。批发商们也改变了支付策略,而和书店一样在图书售出之后才付款。俄罗斯出版商由此面临着严重的财务问题。

那么,当初那些生意兴隆的“批发商—出版商”现在的处境又是如何呢?他们也同样处于积压严重、销售乏力的困境。这足以说明,俄罗斯图书发行业的“销售假象”终于结束了。“批发商”过去销售图书的速度飞快,随着销售步伐的放慢,批发商彼此之间开始互相交换图书。有时,他们所交换的数量远远超出了销售量。有的批发商为了方便交换,干脆摇身一变成了出版商。现在,这样的出版商既不出书,也不搞图书交换,也不销售图书。他们债务严重,积压过多,更不要说赢利了。先前的批发商有80%都离开了这个行业,剩下的看起来处境也艰难。

这一时期俄罗斯的图书市场出现了大幅度的萎缩。主要表现在:

(1) 文学类图书出版数量减少。与1993年相比,由79.9%降至75.8%,但俄罗斯本土作家的作品所占的比重增加了。

(2) 儿童读物出版品种一年内下降了43.1%,销售量减少了8.1%,这一市场竞争激烈异常。

(3) 除了教育类和实用性图书外,专业出版面临严重危机。

造成这种状况的政策因素有:从1995年开始,俄罗斯政府大幅削减了对图书出版的补贴。出版社被抛向市场。一些出版机构由于经济原因被市场淘汰,甚至包括当时的出版巨头,如声音出版社等;一些小出版社被大公司所吞并。只有那些根基稳固的出版公司如瓦格里乌斯出版社等才得以生存下来,因为这些出版社拥有自己的印刷基地和发行系统,与国外的交易也非常广泛。迫于生计,许多出版社纷纷减少了出版品种,从而造成俄罗斯出版总品种的减少。与此同时,图书总印数也在减少,单品种图书印数不大,很难达到25 000册—30 000册。

国家对私有化政策的推进对俄罗斯的出版业产生了巨大影响。到1995年年底,国有出版社的出版物印数低于全俄出版物总印数的20%,1997年中期为22%,1999年为18%,到2000年则降为15%。与1991年相比,非国有出版机构的出版物数量增长了近5倍。但印刷企业的私有化速度较慢,从而造成落后的印刷机制遏制了图书出版速度,因此有些专家将其归咎于私有化进程过慢并缺少国家资助所致。

第二节

1996年—1997年：恢复期

从1997年开始，俄罗斯出版界逐渐适应市场经济，出版业停止了滑坡，出版形势逐渐好转起来。一是表现在图书出版品种上。1996年的图书出版总数为4.21亿册，1997年上升为4.36亿册。二是表现在出版社的数量上。出版社的数量也在增加，到1997年年底已经注册的出版机构大约有12 000家，其中实际开展业务的约有5 000家。在各种类型的出版机构当中，国有出版社在数量上依然占据优势，有的出版社，如教育出版社也仍处在领先地位，但大多数出版社在走下坡路。在大约占全俄出版物1/3印数的7家出版社当中，非国有出版社占6家。从地理分布来看，边远地区的出版社发展迅速，全俄200个城市建有出版社，30个城市的出版社数量超过20家。三是表现在图书市场方面。出版选题策划和书价开始取决于出版物的利润。图书市场本身由于不同读者群的不同需求而发生分化。文学作品，尤其是侦探、言情及科幻小说出现了一定程度的滞销，以科技类图书为代表的专业出版逐渐成为市场重点，指南类工具书及实用类图书在市场保持稳固地位。四是表现在图书印制方面。印刷企业开始提供更多更好的服务，出版物印刷质量提高，出版周期缩短。五是出版环境的改善。伴随着《著作权和相关版权法》的实施及加入《伯尔尼版权公约》，俄罗斯公民的版权意识日益提高。盗版问题得到了一定程度的遏制。但是，要想确保图书出版在自由竞争的市场环境下得以发展，最为根本的还是加强立法和尽快出台适应新形势的《出版法》。《俄联邦出版经营法》至今尚未出台。

第三节

1998年至今：组建新的发行体系至为关键

1999年，俄罗斯出版的图书品种达到47 733种，2000年为49 260种。这表明，俄罗斯出版业已逐渐进入良性循环。不过存在的问题依然很多。主要表现在：

(1)居民收入低，图书购买力低下，特别是在北方、南方和东部边区，导致资金回收期长，进而影响图书的供应。

(2)教科书的出版由于立法等问题尚未解决而受到严重影响，对学校教材的供应逐渐减少，教材价格急速上升，教材出版质量问题多多。

(3)图书零售业由于销售品种的局限和资金不足及信息渠道不畅而难以得到较快发展。

(4)图书日益受到电视等其他大众传媒的冲击。

但最为根本的问题依然没有得到解决，那就是影响图书出版业进一步提升的瓶颈问题——图书发行。在戈尔巴乔夫上台和改革之前，苏联的图书发行体系主要依靠书店。从理论上来说，这是一个完美的体系。甚至在实践中，这个体系也运行良好。但随着苏联的瓦解，原有的发行体系已经完全被摧毁。取而代之的是图书批发交易商承担起了发行职能。由于这些交易商具有浓厚的投机性并带有黑势力的性质，他们越过了书店环节而通过少数几个"批发商"把图书直接销售给街头小贩。在此期间，读者发现图书价格增长的速度要远高于这个国家本已猖獗的通货膨胀速度。

苏联实行的是图书预售制度，这样能够保证在图书付印前就确定实际的需求量，从而每本图书都可以送至既定的读者手中。只有大约200

家国有出版社拥有出版权，每家出版社每年出版大约10万册图书。各家出版社通过国家图书管理系统将书目传送至各个书店和图书馆以便订购。改革到来之后，非国有和非组织团体只要经过注册就可以出版图书。整个市场一片混乱，几乎没有什么准则而言。

批发商将买断的所有图书（通常为10万册，在新发行体制的初期，经常为20万册）分销给下一级批发商。如此一级一级分销下去，直到最终的街头小贩。街头小贩一开始也通常是个体销售，他们以现金支付。但随着市政府要求这些小贩进行登记注册并交纳一定的税金后，一些小贩因为无利可图而放弃兜售图书。但批发商非常需要这些人。因此，目前最通常的做法是，批发环节里最下一级批发商（将图书直接批发给小贩的批发商）将小贩组织起来并提供一定的资金支持。

这是目前俄罗斯最主要的发行方式。大多数的图书仍然主要通过街头小贩进行销售。而批发商一般对书店并没有太大的兴趣。

政府对批发商态度暧昧最主要的原因就是他们已经成为税收来源之一。批发商为了预付部分书款和邮递费用，他们需要大量的现金。对一个新的批发商而言，首先要学会的就是使用现金并尽量逃税。改革之前，几乎不需要使用现金。比如农场将小麦卖给面包店，面包店通过银行划账将货款汇入农场的银行账户。这样在整个过程中是看不到现金的。当时即使一个书店向当地的地区性下属发行机构采购少量图书，也往往如此操作。

图书批发商无法像先前那样对市场进行预先性评估。他们只能盯紧那些明显能够赢利的读物。这样，他们显然不会对新作者的书加以关注。出版商总是坚持要在印刷之后将所有的图书都卖给批发商以快速见到效益。可见，出版流程的每个环节都要求快速，但无论如何出版体系某一时段所能处理的图书种类总是相对有限的。

街头小贩所卖的书往往只局限于那些为大众所喜爱的图书。大众一般很难断定的是小贩们销售的图书的成本价格究竟是多少。在现今的俄罗斯，几乎无法控制价格。只有“市场”才能决定价格。同一本书，不同的书摊有不同的价格。大致的规律是，书摊离出版和印制中心越远，图书的价格就越高。俄罗斯目前的发行体系偏重于畅销书，印数极少的严肃读物显然要通过大众读物的利润才能得到补偿。工具和参考书比如词典很难见到。

对于图书质量，批发商更倾向于选择精装本，这是因为精装本的价格较高（大约为50美分至75美分），利润相应也比较高。这就造成了平装书工厂因无业务可做而纷纷倒闭，精装书装订工厂业务繁多的奇怪现象。在莫斯科和圣彼得堡，有时出版商要进行贿赂才能按计划获得印刷和装订。

总的来看，俄罗斯目前的图书发行有如下特征：

（1）偏重于畅销书，特别是那些外国译作或侦探、情感类的读物；

（2）对俄罗斯本国作者及严肃性读物（技术、科学、哲学、实验性文学作品等）关注不够；

（3）发行成本高；

（4）莫斯科和圣彼得堡以外的城市市场非常不确定，读者的选择余地过小。

但从长远来看，前景还是很乐观的。俄罗斯这样一个泱泱大国定然是一个庞大的图书市场。但如果要正确开发这样一个市场，俄罗斯出版商就必须将图书看做与其他商品没有任何的区别——生产者必然要承担一定的责任，要有所付出。当然，这种责任最终总会为俄罗斯出版商自身逐渐认识，或者由外来出版商灌输至俄罗斯。然后，俄罗斯就有了真正意义上的出版发行。

俄罗斯出版商必须清醒地认识到，要想结束目前的这种混乱局面，保持出版经济的健康发展，建立一个健康有效的发行体系至关重要。街头书摊绝对不是有效的发行方式，毕竟，在街头随便放张桌子是无法摆下大量读物的，而品种的选择对于图书的销售非常重要。

莫斯科的出版商目前面临着两个同等重要而且同样迫切需要解决的问题。一个问题是将发行范围扩大到莫斯科之外的地区，那些地区图书非常匮乏；另一个问题就是解决好莫斯科地区的图书发行。莫斯科目前的图书销量显然是无法反映实际图书需求状况的。从莫斯科的人口数量来衡量的话，现在的图书销量远远低于预期的图书销量。

要想改变这种局面，就必须对图书发行体制进行改革，而且这种改革必须是全国性的。莫斯科今日的出版商只能算是莫斯科出版商，因为他们的发行范围还只局限于莫斯科地区，他们还无法将图书卖到更远的地区。在莫斯科,只有当书店的经营管理超越街头书摊式经营理念(即只经营畅销书,其他的一律不顾)的时候,图书发行整体状况才可能得到改善。10 月 19 日书店(October 19)和广告书店(Ad Marginem)表明了新书店显然有着更美好的前景。如果这些新书店可以得到出版商的支持,那么将有越来越多的新书店出现。同时,出版商还可以说服其他商店也增设图书柜台。

图书俱乐部见缝插针,但无法从根本上解决图书发行问题。俄罗斯出版发行业如此之多的弊病给图书俱乐部的发展留下了空间。目前,俄罗斯有两家规模较大的图书俱乐部。由于是与国外合资,因而资金充足、经验丰富,这些图书俱乐部目前的运营状况非常好。但无论如何,图书俱乐部的发展是无法从根本上解决俄罗斯图书发行问题的。

第四节 儿童读物市场

走进莫斯科主要的书店,如 Biblo-Globus 书店、Molodaya Gvardiya 书店或 Moskva 书店就好像进入了英国的超市。人流攒动,过道里站满了年轻的妈妈们,付款台前更是排起了长队。尽管也有儿童游戏区,但莫斯科的书店不像英国的书店那样提供更多舒适的场所,如咖啡或一两张沙发。不过,在这方面,英国书店其实也落后于美国的书店。在星期六的下午,学生静静地坐在牛津布莱克维尔书店的一角,边翻书边做记录,这种景象已经成为过去了。

书店拥挤的人群表明,在俄罗斯的职业阶层,阅读文化氛围是非常浓厚的。这是一个拥有众多文学巨匠的国度——托尔斯泰、陀斯妥耶夫斯基、果戈里及契诃夫等,他们不仅受人尊敬,而且其作品也广受欢迎。欧洲文学在这里也很有市场。此外,俄罗斯政府深知儿童是国家的未来。2003 年 9 月 30 日至 10 月 2 日,俄罗斯语言开发中心举办了一个大型活动——国际学校图书馆节。美国第一夫人、英国第一夫人、保加利亚第一夫人和亚美尼亚第一夫人均参加了活动，并各自介绍了自己国家的两名儿童读物作家。

不过，俄罗斯依然是一个变化中的社会，奔驰车和国外巧克力的巨幅广告随处可见。年轻的创业者仍然为官僚作风所困。尽管每年要出版几万种新书，但出版业还是为纸张供应不足、发行难和盗版问题所困扰。所以在书店内，表面现象和实际有所出入也不足为怪了。

那么，俄罗斯儿童在读什么书呢？哪些作者最受欢迎呢？走近书店的儿童读物柜台，你会看到众多俄罗斯本国、西欧及美国名著——普希金、罗伯特·刘易斯·斯蒂文森、马克·吐温的作品，插图作品，神秘作品，传奇作品，民间故事等。大部头的百科全书以及古典的神奇作品，如塔马拉·克鲁考娃的《镜子中的犯人》和索非亚·普鲁考夫耶娃的《沉重的袋子》等。让人感觉奇怪和伤心的是，在这里你很难找到活着的作者的作品，根本就没有现实感。在这个国家，自苏联解体以来，西方作家如阿兰·吉普森、伯纳德·阿什里、比夫里·奈杜及马罗里·布莱克曼等在这里找不到对手。俄罗斯的这种情形和 20 世纪 70 年代的西德几乎没有什么两样。第二次世界大战以后，德国人用了整整一代人的代价才有能力真正面对纳粹所带来的灾难。

尽管 2002 年由英文翻译成俄文的作品超过 4 000 种，但儿童读物并不多。那么谁是英国作品的代表呢？是罗阿尔德·达赫尔、C. S. 刘易斯、J. R. R. 托尔琴、奥斯卡·王尔德、J. M. 巴里及丹尼尔·笛福。那么那些活着的作家如何呢？当然也有幸运儿，他们是 J. K. 罗琳、爱因·考尔夫及菲里普·普尔曼。《北方的灯》首印 2 万册，在出版后第一个星期就卖光了，已经再版。此外，还有各式各样的花大姐图书。就目前而言，涉及当代问题的英国儿童小说出版商不可能将版权卖到俄罗斯。不过俄罗斯有的儿童读物出版商也的确对英国历史小说、传奇作品、传统故事及言情小说感兴趣。

当然，西方作家要想希望自己的作品行销潜力巨大的俄罗斯市场，并以此致富也是不现实的。在俄罗斯，图书的平均价格是 75 卢布（大约 1.5 英镑），而且图书的销售多以批发价格，而不是零售价——这和英国作家遇到的情况没太大的差别。

不过,走进主要的书店,你会惊奇地发现许多原版的英文儿童读物,比如尼尔·菲里普的《奥德西斯历险记》就名列其中,而且这里会讲英语的儿童很多,这说明对英国儿童读物出版商来说,俄罗斯的确存在一个不错的市场机遇,尽管书价将会是一个令人棘手的问题。

现代出版学丛书

海外出版业概述

6

第六章

日本出版业

日本是世界上最重要的图书市场之一。1993 年,欧洲监测局(Euromonitor,全球消费市场调查研究权威机构)公布日本的出版总量排名第二,仅次于美国。不过,它的人均售书量排名第九,排在德国、奥地利、丹麦、挪威、美国、西班牙、瑞典、瑞士之后。日本出版界的特点是:强大的发行系统,相对便宜的价格以及漫画书的大卖(含书籍和杂志)。

自 1950 年以来,日本出版态势总体上处于上升之中,每年出版的新书品种约为 6.3 万种,印刷总量 15 亿册;每年新出期刊 3 000 余种,印刷总量约为 51 亿册。从 20 世纪 90 年代末期开始,日本出版业逐渐走上了"下坡路"。《出版大崩溃》的作者小林一博曾指出,由于出版销售额连年减少和退货的不断膨胀,日本每年有上千家的书店和出版社破产倒闭。2001 年图书销售总额退回到 9 年前的水准,为 9 456 亿日元。

1997 年至 2006 年以来,日本出版市场只在 2004 年出现一次增长。就业人员在高峰期大约有 10 万人,现在保持在 8 万人左右。但漫画出版依然占有 25% 的份额。2004 年的增长是由于《哈利 · 波特与凤凰令》、《冬季恋歌》等超级畅销图书的出现。2004 年行业(图书和杂志)总销售额为 22 472 亿日元。

第一节 出版业概述

在日本出版业,出版社主要分为综合出版社、图书出版社和其他出版社 3 类。综合出版社既出版周刊、月刊杂志,也出版词典、全集及各类图书,它的优势在于通过二者的相互配合及内容资源的相互利用来达到利益的最大化。日本多数大出版社都是私人公司,而且是综合出版社。学习研究社(Gakken)是一个明显的例子。它 1982 年就上市了(在日本 4 000多家出版社当中,2002 年有 25 家上市企业)。《出版年鉴》(*Shuppan Nenkan*)1995 年列出了 4 487 个出版商,74% 的出版商位于东京。总资金超过1亿日元的有169家，但其中大概只有10%的出版社出版专业书。1994年出版超过50种书籍的出版社有140家。

日本出版业也有垄断化、两极化的发展态势。由于出版社的设立不需要太多的资本，这使出版企业从总体上来讲，除了少数大型企业以外，大多数企业都规模很小。47%的出版社职工不到5个人，97%的出版社职工在100人以下。出版社职工超过500人的非常少，只有讲谈社、小学馆、集英社等几家大型出版社人数在1 000人左右。根据2003年版日本《出版年鉴》的统计数字，一年出版10种以上新刊物的出版社有1 047家，其余的3 000多家出版社都是非常小的出版社，一年出版的新刊物只有几种，有的甚至只有一种而已。2003年，讲谈社、小学馆和集英社3大出版社的市场占有率达到了21%。从大型出版社的经营结构上来看，其获取利润较大的是杂志销售及随之而来的广告部分的收入。

2005年1月—10月出版物销售总额为18 422亿日元，与去年同比减少1.6%。其中图书销售总额7 885亿日元，减少2.2%，期刊销售总额10 537亿日元，减少1.2%。根据出版研究所的调查，最大的类别是社会科学，其次是文学作品。这两种都是多年来保持高份额的。

日本最常见的纸型是“B6-ban”(128毫米×182毫米)，占1994年出版新书的32.9%。批量生产的廉价口袋书叫“Bunko”(A6尺寸，105毫米×148毫米)，占10.1%。少量规格稍大的叫“Shinsho”(173毫米×106毫米)，占7.0%。

在日本建立出版社没有限制。与日本广播受邮电部门管理不同，出版产业(和报纸)没有政府机构来监督其行为。只要不违反刑法民法，不涉及淫秽、诽谤等内容，任何个人和企业都可以自由地设立并经营出版社。

在日本，许多教育出版社还出版杂志和电子产品。纪伊国屋书店是日本市场上最大的电子出版社。USACO公司每年向日本教育界销售4 000万美元的杂志和电子产品。该公司声称是日本主要的电子信息供应商。公司经理吉田先生说，公司1/3的利润来自电子信息。日本主要的教育出版社Gakken目前已推出了大量电子出版物，并在开发多媒体产品和娱乐数据信息。该社目前的电子出版物销量每部在2 000部—3 000部左右。

1994 年，日本文部省开始了为每一个中高级学校学生配备一部电脑和初级学校学生每两人配备一部电脑的 6 年计划。计算机利用率的提高和日本人对电子游戏的钟爱使得计算机图书成为热门。像 Softbank、ASCII 等电子出版公司在这一市场上展开了激烈竞争。

表 1　1996 年—2005 年 10 月图书杂志销售总表(日本出版科研所统计)

年　份	书籍销售额(亿日元)	与上年增长比(%)	杂志(含月刊周刊)销售额(亿日元)	与上年增长比(%)	合　计(亿日元)	与上年增长比(%)
1996	10 931	4.4	15 633	1.3	26 564	2.6
1997	10 730	-1.8	15 644	0.1	26 374	-0.7
1998	10 100	-5.9	15 315	-2.1	25 415	-3.6
1999	9 936	-1.6	14 672	-4.2	24 607	-3.2
2000	9 706	-2.3	14 261	-2.8	23 966	-2.6
2001	9 456	-2.6	13 794	-3.3	23 250	-3.0
2002	9 490	0.4	13 616	-1.3	23 105	-0.6
2003	9 056	-4.6	13 222	-2.9	22 278	-3.6
2004	9 429	4.1	12 998	-1.7	22 427	0.7
2005 (1月—10月)	7 885	—	10 537	—	18 422	—

表 2　1996 年—2005 年图书杂志销售总册数表(单位:万册)

年　份	书　籍	与上年比增幅(%)	杂志(含月刊与周刊杂志)	与上年增幅比(%)	合　计	与上年增幅比(%)
1996	91 531	2.4	386 316	-1.2	477 847	-0.5
1997	87 592	-4.3	381 370	-1.3	468 962	-1.9
1998	81 337	-7.1	372 311	-2.4	453 648	-3.3
1999	79 186	-2.6	353 700	-5.0	432 886	-4.6
2000	77 364	-2.3	340 542	-3.7	417 906	-3.5
2001	74 874	-3.2	328 615	-3.5	403 489	-3.4
2002	73 909	-1.3	321 695	-2.1	395 604	-2.0
2003	71 585	-3.1	307 612	-4.4	379 197	-4.1
2004	74 915	4.7	297 154	-3.4	372 069	-1.9
2005	—	—	287 000	-3.3	—	—

表3 1996年—2005年图书杂志退货率总表(%)

年　份	书　籍	与上年比增幅	杂志(含月刊与周刊杂志)	与上年比增幅
1996	36.1	0.6	27.1	1.8
1997	39.3	3.2	29.5	2.4
1998	41.0	1.7	29.2	-0.3
1999	39.9	-1.1	29.6	0.4
2000	39.4	-0.5	28.9	-0.7
2001	39.1	-0.3	29.4	0.5
2002	37.7	-1.4	29.4	0.0
2003	38.8	1.1	31.0	1.6
2004	36.7	-2.1	31.7	0.7
2005(头9个月)	42.2	—	36.5	—

第二节 大学出版社

日本的大学出版社目前共有25家,分布在日本的12个都县市。虽然日本大学出版社的数量较少,但由于其与日本文化和经济的发展有着千丝万缕的关系,所以研究日本大学出版社的历史发展进程,对了解整个日本出版业与国家环境之间的联系有着非常重要的作用。日本的大学出版主要有以下的几个特点。

一、出版社数量少

据最新的日本出版年鉴统计,全日本的出版社共有4 487家,其中以股份公司形式进行运作的有2 632家,以有限公司的形式进行运作的有

346 家，此外还有个人形式的 254 家，社团法人 173 家，财团法人 148 家，宗教团体 26 家，其他 883 家，而大学出版社则只有 25 家，约占全日本出版社总数的 0.5%。在日本庞大的出版市场中，大学出版社所占有的份额是相当微小的。相比之下，我国的大学出版社则占全国出版社总数的 20%，远远高于日本。在大学出版这一领域，日本与我国的情况有着很大的不同。

造成大学出版社弱小的主要原因在于日本的出版社大都属于私立，所以追求经济效益是各个出版社所面临的最为现实也是最为迫切的问题。因而大学出版社并不被人所看好，这样，便形成了今天大学出版社并不十分昌盛的局面。

二、规模中小

从从业人员数来看日本出版社的整体规模状况，人数在 201 人—1 000人之间的有 119 家，在 101 人—200 人之间的有 114 家，51 人—100 人之间的有 184 家，10 人—50 人之间的有 987 家，而 10 人以下的有2 068 家（几近日本出版社总数的一半）。而从注册资金的角度来看，1 亿日元以上的有 169 家，5001 万—1 亿的有 93 家，3001 万—5000 万的有 190 家，1001 万—3000 万的有 561 家，501 万—1000 万的有 858 家，500 万以下注册资金的占出版社总数的 60%。从以上的数据可以看出，日本的出版社具有数量多、规模普遍较小的特点。

日本的大学出版社中，人数最多的是熊本工业大学出版中心，拥有从业人员 350 人。而从总体上看，50 人以上的仅有 3 家。10 人—50 人之间的有 7 家，这与日本国内的出版状况大体是吻合的。除了个别的出版社之外，大多数出版社的规模都较小。从注册资金的角度去分析，达 1 亿日元以上的只有 2 家，1000 万—3000 万日元之间的有 5 家，这样也可得到相同的结论，即除个别规模较大的出版社外，大多数大学出版社在日本国内属于中小之列。

三、成立时间晚

与其他诸如牛津大学出版社等享誉世界几百年的名牌大学出版社相

比较而言,日本的大学出版社大多数还很稚嫩。在日本25家大学出版社之中,除早稻田大学出版部(1886年成立)与东京电机大学出版局(1907年成立)之外,其他的大学出版社成立的时间都较晚。稍为仔细地分析日本大学出版社的成立时间,我们不难发现这样一个规律,即1945年之前与70年代之后成立的大学出版社较少,分别只有6家和5家,而大多数出版社的成立时间则集中于1945年之后到60年代末这一时间段之内。这是有其历史原因与社会背景的。

第二次世界大战之后,日本的各种产业均遭到了极大破坏,正是百废待兴之际。日本政府因而推出了兴教育以带动产业发展的策略,对教育进行了大量的投资。数年之后,这种投资产生了效果,从20世纪50年代末期开始,日本进入了一个经济高速增长的时期。这种不同寻常的增长可以说既是对教育大规模投资的一种回报,同时也是对教育发展的一种反推动力量。而这种推动力量在大学领域的反映便是大学出版社的大量增加,可以说,从大学出版社的发展中可以或多或少看到社会一个侧面发展的缩影。

四、分布的历史变化

从日本的大学出版社的地域分布情况来看,有一个历史上的变化过程,呈现出由较为集中走向分散的特点。而这个特点是和日本经济文化的变化密切相关的,大学出版社的变化正是从一个侧面反映了日本文化和经济的变化与走向。1945年之前,由于当时日本的经济文化中心是东京,所以在日本的6家大学出版社中,除了玉川大学出版部外(町田市,1923年创立),有5家出版社集中于东京市内。而随着二战后日本加大对全国教育的投资力度,日本的高等文化教育也开始逐步由地域化走向全国化,各地文化教育的发展分散了东京作为文化中心的作用。在1945年之后成立的大学出版社中,地方大学出版社所占的份额由二战前的不到20%,增长到了超过50%的水平。这充分反映了日本的教育状况由点向面的变化趋向。这种教育状况的变化也给日本全国的经济均衡发展打下了一个良好的基础,同时,经济的高速发展也给教育文化事业的前进一个巨大的推动作用。从25家大学出版社的地域分布来看,除东京大学出版社较多之外（约占近50%），日本的四国、关西等各地区均有一个或几个大学出版社的存在。由于出版兼具商业性与文化性这两种属性，所以日本经济文化的发展也就从一个侧面决定了日本大学出版业的发展较为均衡而其中心在东京的特点。

五、专强杂多

日本大学出版社的另一大特色便是专业性强，并且进行杂志出版的出版社较多。日本大学出版社所出版的书籍是与其所设置的专业门类相一致的。譬如，东京电机大学出版局所出版的书籍大多是与其课程密切相关的理工类教材教辅，而东京法经学院出版社则多出版法律、经济类的图书及词典。大学出版社出版与自己学校相关门类的图书，既有自己的专业优势，又能够很好地推广大学的学术思想，同时又能扩大自己的影响，可谓一举三得。当然，也有几个综合性的大学出版社出版综合类的图书，如九洲大学出版社等。

此外，不少大学出版社都从事杂志的出版工作。这与日本出版界所存在的"杂高书低"的现象是有很大关系的。由于日本的杂志印张数多，广告的版面大，且读者的人数众多，所以通常经济效益较好。很多出版社都愿意借助杂志以加大经济上的收入。正是这种原因，在日本的25家大学出版社之中，进行杂志出版的有11家之多，几乎占大学出版社总数的50%。

六、发行量小

由于日本的出版社数量多，竞争比较激烈，所以，结合自身的特点，出版具有专业优势的书籍，就成为了日本大学出版社在强手如林的环境中赖以生存的有效手段。由于大学出版专业性较强，所出的书多为常销书籍，其销售量一般不是很大，每种图书的发行量大都在5 000册以内。虽然大多数出版社每年的图书销售额都并不是很高，但从其所有形式来看，有近半数的大学出版社为学校所有，因而，尚能够很好地维持下去（日本大学出版社中股份制占11家，财团所有占3家，社会团体形式占1家）。

第三节

外文图书市场

日本图书市场自1993年陷入低谷之后直到1997年初才开始缓慢复苏。但是,1997年,日本书业再次出现不祥迹象。4月1日,日本政府宣布将消费税提高2%,这样就使得包括图书在内的一切商品要交纳5%的消费税。因消费税上提而造成的物价上升使得杂志、平装书和连环漫画图书的消费量急剧下降。日本销量第一的连环漫画周刊《少年跳跃》的销量由700万册降至300万册。

从国际上来看,日本仍然与美国和德国一起组成了世界3大出版市场。据日本出版商文化交流协会发布的统计数据,日本现有出版社4 602家,其中,2 000余家是职工在10人以下的小社。1996年,日本图书出版品种突破6万种大关,为60 462种。出书60种以上的出版社有226家。排名前10位的出版社共出版图书7 845种。1996年,日本图书出版业产值为1万亿日元(折合100亿美元),比1995年增长4%。不过,1997年之后就可不能期望类似的增长了。另据有关资料,日本以英语为主的外文书刊出口只占出版业总产值的2.5%,外文图书与期刊的产值在4亿—5亿美元之间。

一、进口图书的价格差别

日本进口的80%的书刊属于教育类,主要进口机构是图书馆。日本图书馆以低于一般书籍的零售价格通过书店进货,但是即便如此,进口书刊的价格仍然高出日本市场上本国书刊价格1.25倍。1997年9月,日本书店以约183日元对1美元的价格来定价外文版图书,尽管银行的汇率是122日元对1美元。这差不多是银行汇率的1.5倍。

不过近年来情况正在发生变化。日本图书进口商开始冲破传统的"进口商—批发商—发行商"的模式,并且正在以接近银行汇率的价格销售图书。1995 年,总部设在美国、在日本拥有 17 家分店的音乐制品零售连锁店高塔录音公司开始在东京的主要分店增加外文书刊经营。这家东京分店开始尝试一种新的进货方式,即不顾日本图书进口商和发行商之间长期达成的专有条款,而是通过美国渠道进货,并与磁带和 CD 一起空运至日本,而且其图书的定价也低于正常书价。此举在日本出版界掀起巨大波澜。但是,这种被称为"平衡进口"的经营行为目前得到了日本政府的支持。日本颇具权威的公平交易委员会鼓励日本书业走自由市场的道路,甚至正在削减日本的零售价格维持制度。该制度严禁对带有日本国际标准书号的图书打折进行出售。

日本政府本身也在参与图书销售业务,尽管只经营本国图书。1996 年年末,邮政省宣布它将为订购新出版物有困难的地区提供图书运输服务。据邮政省官员介绍,全国大约 1 200 个人烟稀少的城镇和乡村的 3 000 多个邮局将提供这种以目录为基础的服务。人们可以从当地邮局提供的每月书目中选择图书,并通过明信片订购,通过邮局汇款支付。所订购的图书在 4 天—7 天内可以收到。目前,此种服务只限于日本图书。

1996 年,高塔录音公司正式开始了"平衡进口"。与此同时,网络图书订购服务也在日本开始出现。诸如亚马孙公司等网络书店以原书价格外加运费快速提供英文图书。1996 年初,日本电视台甚至制作了有关亚马孙公司的专题节目向全国播出。

尽管这些新型的服务方式还无法对整个日本的书刊业产生多大的影响,但却有助于鼓励日本书商对其经营方式进行重新思考。目前,日本已经有许多公司在国际互联网上开始提供颇具竞争力的服务。

二、超级书店模式

在日本,经营外文图书发行业务的两巨头是纪伊国屋书店和丸善书店。1996 年来他们也发觉其统治地位受到了挑战。这种挑战来自几家规模较小的书店依据美国模式开办了超级书店。1996 年 10 月,纪伊国屋书店也步入这一行列,组建了自己的新型超级书店。这些书店都希望这种经营方式新颖、环境幽雅的超级书店能够吸引新的读者,尤其希望这种书店能够在图书零售价格维持制度取消之后发挥重大作用。就目前的形势来看,取消这一制度的可能性逐渐加大。

据丸善书店书刊部总经理安寿吉坂岛介绍,丸善书店于1993年第一个在日本提供联机购书服务,但这一服务只限于教育图书。“目前,我们的全球联机订购网络已经覆盖美国和欧洲的大多数出版社。丸善书店在日本各地的分部所收到的顾客订单均可以在24小时内传送至出版社的微机上,并通过PUBNET网络和Teleordering系统分别转送至美国和英国及欧洲大陆。我们每周都有来自美国和欧洲的货机,再加上联机订购,从而确保了运货速度,使得顾客感到他们所订购的外文图书就像是在日本出版的一样。”丸善书店的数据库内存有经过精心挑选的50万种外文图书,而且均是以现行的日本零售价格出售。

纪伊国屋书店则更进一步,实现了统一进货。通过与英国图书批发商加德纳斯公司和美国头号图书批发商贝克·泰勒公司联合,纪伊国屋书店向位于日本的中央仓库直接供应教育书籍和一般书籍,该中心再将图书进行检验并打上日本书价标签。

“我们目前的主要政策就是直接从英国和美国的图书批发商或发行商那里进货。这种进货价格要低于从日本发行商那里的进货价格。”纪伊国屋书店进口发行部总经理高井纪吉说。

公司还提供联机图书订购服务——Book Web,拥有310万种图书,其中,日本图书120万种,美国图书190万种,而且在价格方面敢于和亚马孙公司竞争。订单一般需要1周,不过要订购小出版社或专业协会出版的科技书籍需要的时间要稍长一些。公司还希望在不久的将来增加大量的英国图书和美国5万多种音乐CD。

这种联机订购图书服务实行会员制,会费是每年1 500日元,还不到15英镑。经过1年的运作之后,会员数已达3.3万名。网址是HTTP://BOOKWEB.KINOKUNYA.CO.JP,与此同时,也可通过INTERMAX系统订购外文杂志,网址是HTTP://WWW.CHANNEL.OR.JP/INTERMAX/。

随着德国贝塔斯曼出版集团的加入,日本图书零售市场的竞争更加激烈。贝塔斯曼出版集团和米茨伊布森宣布,他们将在多媒体业务方面进行广泛的合作。1997年底,他们组建了图书俱乐部。布森先生说:“目前来说,联机服务会给我们的总收入带来何种影响还为时尚早,不过这当然简化了我们向顾客供应图书和信息的方式。我们所面临的挑战是制定一个能够有助于扩大日本英语图书市场的政策。不幸的是,我怀疑图书的零售价将会下降,将会低至银行目前汇率的1.5倍。"

丸善书店保证在将来采取更加激进的战略。坂岛先生说:"丸善书店近130年来一直占据极大的市场份额,作为市场领头羊,我们一直把满足顾客的各种需求作为公司的追求目标。"

三、一般书籍

在一般书籍领域,最大的外文图书进口商是西方出版物发行代理公司(Yohan)和塔特尔书店。塔特尔书店和西方出版物发行代理公司分别代理600多家外文图书和期刊出版社,并分别向日本1 000家零售网点直接供货。他们还通过日本最大的两家发行商东贩和日贩间接地服务于零售网点。

塔特尔书店经理尼克·英格勒顿说,造成日本外文图书增加额外成本的原因非常简单。"这与日本图书在美国的成本要高的原因相同。有一部分成本是运费。你打了50%的折扣并支付了7%的运费之后,一本10美元的图书要有5.7美元的库存成本。你必须给当地零售商30%的折扣,30%留作一般管理费用,这样,一本10美元的图书的零售价将是15美元。"西方出版物发行代理公司总裁诺里·瓦特纳比说,40多年过去了,外文图书和日本图书之间的价格差异基本上未变,保持在40日元和50日元之间。

第四节 图书发行

日本图书发行系统的特点是强大和有效的分销商遍及全国的小书店，委托销售制和定价销售制，流通环节各阶段折扣体系和交易体系。

委托销售制是指出版社和经销商根据书店的状况向其分配图书。书店对分配来的出版物进行销售，在一定期限内可将销售不完的出版物退还给出版社。委托销售分为3种类型：

（1）新书委托，是指对新版、重版的图书以新版委托的方法来分配，委托销售时间一般是三五个月。

（2）长期委托，是指对已经出版的出版物，以主题或季节来成批销售，其委托时间较长。售完后没有补充，售完为止。

（3）常备寄售，委托时间为一年，委托的图书即使在书店中，在税务上还是作为出版社的在库商品来处理。常备寄售的图书一旦在书店中售完，出版社应立即送货。

定价销售制是指，作为厂家的出版社有权决定本社图书的销售价格，并要求经销公司和书店予以遵守。日本几乎所有图书（杂志）都根据出版物定价制在固定价格下销售。这套制度行之有效地防止损失惨重的灾害削价，使贸易具有稳定性。不过，20世纪90年代初，日本公取委（日本公平交易委员会）开始根据政府的政策对此展开调查，该政策基本上取消了1998年前维护出版物定价制可免受公益反托拉斯法的追究。整个出版界认为这是“出版物定价制的危机”，并将开始一项保卫活动，声称若是这么做，结果将是委托系统崩溃，书籍出版和上市书店减少，高书价，读者选择面缩小，给日本出版文化带来致命的打击。日本公取委原本定在1995年3月发表它们的结论，直到2001年3月，才作出“目前仍维持出版物定价制”的决定。2005年6月16日，日本召开第5届出版物定价制研讨会。小学馆社长相贺昌宏作了"出版物定价制的弹性运用及实施网上打折书"的发言,日本出版界达成共识,长期开设"酬宾网上书店"。此外,日本出版业界仍在探讨购书积分是否违反出版物定价制的立场和弹性运用的可能性,业界内部及公取委的态度直接导致日书联原会长的离职。

《出版大崩溃》的作者小林一博认为,"委托制"和"定价销售制"是引发当前日本出版危机的原因之一,它们使得出版社产生一种逆向思考逻辑,认为只要批发商进货,就算实际没有卖出去,还是可以收到"订金",而当这些书以后退回时,为了把账款补足,就必须出新书填补。因而新书出版源源不断,形成恶性循环。所以,日本出版业在销售连年下滑的情况下仍持续走泡沫化的路线。

日本最常见的一种发行方式是出版商委任分销商把书(包括杂志)销给零售商。分销商收集未出售的部分书刊再次处理,并从零售商收取款项付给出版商,这一方式在二战前就已经确立。日本约有 140 个分销商,但两个发行巨人——东贩(Tohan)和日贩(Nippan)垄断了所有刊物 40% 的份额。进入 20 世纪 90 年代后期,其市场占有率开始接近 70%,并一直维持在这一水平上。东贩平均每天批发销售量图书为 210 万册,杂志为 550 万册,处理的退书也达到了 215 万册。日贩与日本几乎所有的出版社、11 000 家书店与 22 000 家便利店有着紧密的业务联系,平均每天上市的书刊量达 1 000 万册。东贩和日贩的发行网覆盖全国,并且各自拥有上万家的书店作为客户,也造成了很多负面的影响,如提前对大牌出版社支付货款,优惠大型书店延期支付货款,推后向中小出版社支付货款,要求中小书店提前支付货款,任意破坏交易规则,使批发、零售市场的恶性竞争愈演愈烈。

日本书刊销售点大多是小型家庭经营的企业。近年来,类似郊区书店的全国连锁店和超市明显大增。截至 2003 年 12 月,在日本全国,面积超过 1 650 平方米的大型书店已经接近 200 家,面积在 2 310 平方米以上的超大型书店有 50 多家,面积在 3 300 平方米以上的超级书店达到了 30 家。2004 年,由于日本新建大型书店接踵而至,诸如山下连锁经营书店新宿店等地方老字号中小书店纷纷倒闭。1999 年到 2004 年 9 月,日本约有 4 000 家书店倒闭。

图书俱乐部和直销很少。便利店负责杂志和平装书(Bunko)的销售,成为出版商的主要销售渠道,仅杂志销售就占1/3左右的份额。在寄销体系下,日本书店在规定时间内可以返回未销售的图书。因此,在理论上不必担心地销售大批量的书。但20世纪90年代初开始,每年的退书率一直令人不安地高居不下(多于30%)。《出版大崩溃》一书认为,日本出版大崩溃是从大量退货开始的。平均退货率达到50%,高的甚至达到80%—90%。例如,2005年9月书店订货量强劲,导致退货率大幅攀升,退货率达到42.2%。9月—10月杂志退货率达到36.5%。

目前另一主要问题是,贸易可能面对消费税的增长(目前3%—5%)。书籍(在封底)印有税前和税后两种价格,税率增长意味着改变所有在目录上已经印刷好的价格。1994年出版的新书平均价格为1 082日元,比其他消费品价格略低。2000年的《出版年鉴》记载,2000年书籍的平均定价为2 965日元,大约相当于人民币226元。

1992年以来,书商协会抱怨书店利润额的缩减,要求增加对书店(书籍和期刊)的发行折扣,并且在多数大出版社那里得到了支持。

传统书商也担心新模式的旧书商店出现,它们在又大又干净的销售空间处理几乎和新书一样的旧书(二手书和新书零售商的返回书),并有固定价格一半以上的优惠。在全国旧书连锁店的领导下,二手书连锁店Bookoff Corporation和一些非图书公司进入书籍再销售业。

第五节

网络时代的图书发行

现今的日本出版业正处于发展变革的阵痛中。阅读习惯的变化、新的数字化技术、新的发行网络、互联网出版市场的不断扩大……这些都是可能深刻影响日本出版业未来格局的因素。

毋庸置疑,日本出版业目前正经历着前所未有的衰退。近几年来,每年出版的新书品种约为63 000种，印刷总量15亿册；每年新出期刊3 000余种，印刷总量约为51亿册。1950年以来，日本出版业总体上一直处于上升之中，但从20世纪90年代末期开始，逐渐走上了“下坡路”。调查表明，目前在日本，娱乐性和商业性的图书销售状况良好，但像非文学作品的销售非常不景气。这种变化表明，过去一直支撑日本出版业的“自我修养”的出版理念正在为读者所摒弃。日本读者越来越转向“自我素质提高”的读物而不是追求人生意义之类的读物。即便不阅读图书，读者也可以从电视、杂志、互联网及朋友等处获得各种信息。总而言之，日本民众对于图书的看法正逐渐改变，图书被日本民众视为娱乐信息或者实践知识的来源。因此，只要图书提供的信息是有用的，读者就会购买图书。

日本目前出版最多的图书是教育读物，而这些图书的销量至多也就是二三千册。如果依据一般的商业法则来衡量，这些图书一般而言几乎无利可图。但令人感到神奇的是，即便如此，这些读物还是一本接一本地出版。在今天的日本，大约有4 500多家出版公司，其中又以小规模的出版公司为主，客观来说，这些小规模出版公司的从业者与其说是要赢取利润，还不如说是出于对出版事业的热爱。但如果日本出版经济不景气的状况一直延续下去的话，毫无疑问，小规模出版公司将消失一大片。现在，日本大型出版公司更注重出版杂志、漫画杂志和漫画丛书。从日本规模最大的几个出版公司来看，他们基本上都是杂志和漫画出版商。

由于日本出版市场在过去的两年内规模和利润的锐减，即使漫画出版市场也受到了极大的冲击，这迫使日本出版公司开始寻求新的利润市场。日本出版商采取的一个有效方法就是推出A6尺寸的*Bunko*和173 cm×106 cm尺寸的*Shinsho*。更重要的是，日本出版商应用了更为有效、更为简化的运作过程。就题材而言，这些出版物基本上都是大众读物，一般发行量大约为2万册。虽然这个策略还没有被证明是长期有效的，但出版商尝试新出版方式将是持续不断的。

有些出版商正逐步转向电子出版方式。他们将出版物的目录搬上互联网，并试图通过互联网实现一定的销售。当然，这并不意味着这些出版商一定能成功。自1945年以来，日本共出版了140万种读物，其中60万种为可供书。这60万种出版物充分代表了日本的文化和知识水平。对日本出版公司而言，如何通过有效的市场运作将这些出版物销售出去，可谓是出版者的第一要义。只有当出版物被销售出去，同时被读者阅读，那么，图书的价值才充分体现出来，因此可以说，所有出版商最主要的经营活动就是将图书销售出去。在日本，25 000 个图书零售商承担着日本 75% 的市场销售份额，可谓日本图书销售的“顶梁柱”。传统的销售方式最主要的特点就是寄销，即允许零售商将无法销售出去的图书退回给出版商。由于日本图书退货率年均高达 40%，这样出版商的仓库里堆满了各种没有销售出去的图书也就不足为奇了。日本一些出版商开始寻找更为有效的图书销售渠道和方式。在过去的数年内，互联网无疑给日本图书销售注入了一剂“强心针”，越来越多的日本出版商将互联网视为拯救日益衰退的日本图书市场的灵丹妙药。但是，几乎所有的出版商都无法预计互联网图书销售或出版的真正走势，因此总的来说，互联网方式对日本出版商还仅仅是一种尝试。

出版商如何应用互联网？在日本图书市场经历了连续 3 年的下滑之后，日本出版商可能对此也是无所适从。但日本出版商相信，只要日本图书的生产、发行和销售问题被关注，新的管理模式和销售方式也就会应运而生。日本出版商现在已经能将互联网的便捷充分应用到了编辑、校对等出版环节。现今，在出版传统图书之外销售电子内容的公司越来越多。据统计，目前日本有 1 500 多个出版公司拥有网站。

就发行而言，日本出版业现今一个显著的发展就是电子图书交易店(eShopping！ Books)的出现。电子图书交易店是东贩与 7-11 便利店、软银公司和雅虎合伙成立的。通过 eShopping！ Books，读者可以在网上预定图书和杂志，然后在就近的 7-11 便利店的分店领取到自己预定的图书。这一举动立即给日本出版业带来了一定的震动。日贩随即成立了 Hon' ya Town，在线为读者提供日本主要出版商的图书信息。此外，中等规模的发行公司 Osakaya 和 Kurita Shuppan Hambai 也建立了相似的互联网服务。这样，发行代理商在销售图书和为读者直接提供图书信息方面扮演了越来越重要的角色。一个名为 Book Service 的公司建立了一个网站开展图书直销业务，这一举动给该公司带来了丰厚的收入，每月的销售收入可达上亿日元。

不仅发行商，越来越多的书店也开始提供互联网服务。经营外文书籍的纪伊国屋已经通过其双语网站 BookWeb 为读者提供英语和日语图书达数年之久。日本最大的书店 Bunkyodo 和 NEC 以及一家日本包裹速递公司合作建立了“J Book”的服务。从 2000 年 4 月起，Sanseido 公司和日本铁路方面建立了另外一种合作，读者可以在日本铁路的所有便利店内取得事前从互联网预订的图书。近年来，在日本日益增多的还有电子图书的销售。现在，在日本，像讲谈社等出版公司在出版纸质图书的同时也出版一些电子图书并通过互联网销售，这已经屡见不鲜、不足为奇了。日贩和 30 多个出版商联合成立了 Booking，主要为读者提供绝版和脱销图书的按需印刷服务。按需印刷虽然从最终产品的形式上来看仍然很平常，但其所提供的服务却有着革命性的创新。东贩也建立了数字出版服务公司，旨在提供按需印刷服务。大日本印刷公司也与出版社合作建立“Honco on demand”项目，为读者提供按需印刷服务。纪伊国屋也和一些出版商合作建立了名为“Denshabon”的按需印刷服务。在以上所有的例子中，出版商越来越注重数字化出版，即通过互联网为读者进行图书销售，或提供按需印刷服务。尽管这些产品最终并不都是数字形式，但所提供的服务都基于互联网。

日本电子书公会（The Denshi Shoseki Konsoshiamu）包括 155 个成员，其中大约 80 个是出版商，其余的则是制造商、电信运营商、印刷公司和软件公司。从 1999 年 3 月开始，日本电子书公会开始尝试实施按需出版计划。出版商通过卫星将电子书传到特殊的电脑终端上，这些终端设备摆设在书店、便利店和大学校园里，用户可以在这些终端处购买电子书，然后从终端上下载到专门的、高清晰度的电子书阅读器上。在日本电子书公会的这个试验中，大约有 5 000 多个电子书被销售出去。与此同时，日本电子书公会对电子书的市场接受程度、受众所喜爱的电子书种类等各个问题进行了研究，并获得了可喜的研究成果。日本 8 家出版商联合起来，将绝版图书转变成电子书通过互联网进行销售。这对日本出版业而言也是具有一定创新意义的，因为这毕竟是日本出版业出版商的一次联盟。

互联网销售的增长对日本出版业而言无疑具有很大的促进作用。日本出版业相信，虽然互联网销售在总体市场中所占的比例并不大，但从长远来看，日本在线图书销售对出版业的发展还是有着积极作用的。随着在线出版技术的发展,日本作者有可能通过互联网将图书直接销售给读者。倘若这样,日本出版业可能面临很大的冲击,到那时,整个出版业向在线出版方向的转变也在所难免。总而言之,随着数字化技术的进一步发展,日本传统出版将出现革命性变革。传统出版的变革将体现在出版的各个环节上,包括编辑、制作、销售等。但就目前而言,这些变化及相应的经济模式还都处于未知之中。

2006 年 5 月,日本印象出版社出版了《电子图书业务调查报告》(2005)。《报告》指出,2005 年电子图书的市场规模为 45 亿日元,与 2004 年的 18 亿日元相比,增长 1.5 倍,幅度明显。其中,约有 33 亿日元是面向 PC/PDA 顾客(读者)的收入,约有 12 亿日元是面向便携式电话(手机)顾客(读者)的收入。2005 年的出版品种数约 6 万种,比 2004 年增加约 2 万种。月出版的新书品种数平均约为 1 300 种,与 2004 年相比,增加 100 种。

由于日本杂志销量连年下滑,一些杂志出版商开始探索将纸质杂志转型为数字网络杂志,并与网络广告及网上购物相结合,以图扩大读者群。

即使在书店市场,色情文学仍占主导地位,随后的是体育图书、动漫书、休闲书。磁带书在 20 世纪 80 年代中期被介绍到日本,但从 20 世纪 90 年代开始,出版的磁带书数量不断下降,主要的类别是文学类、休闲指南类和宗教类。

日本没有所谓的审查机构。反淫秽法很模糊,官方没有正式的方针。此外,关于"淫秽"的概念近几年发生了戏剧性的变化。因此,一些摄影书被认为含有"激进"的裸体画面而被警方收缴,一些漫画因为其明确的性描述在 20 世纪 90 年代初被认为"有问题",批评者指责其对青少年读者来说过分露骨。因此,出版行业制定了自我约束的指导方针,只售那些作品给成年人。有人认为这是一种行业的审查制度。也有人主张,关于皇室和一些有影响的团体的著作也应该有审查制度存在。出版行业中最具影响力的 4 个团体为:日本杂志协会、日本书籍出版协会、日本出版销售协会和日本书店商业工会联合会。这 4 个出版团体都制定了各自的伦理纲领——《杂志编辑伦理纲领》、《出版伦理纲领》、《出版物经销伦理纲领》和《出版销售伦理纲领》,其中的《出版伦理纲领》是日本书籍出版协会和日本杂志协会共同制定的。现在,日本对色情文学的审查越来越严厉了。

第六节

版权交易

日本是《伯尔尼版权公约》和《世界版权公约》的签署国。国内著作权法主要依据这两项国际公约。版权保护的期限到作者死亡50年后。日本没有美国、欧洲式的文学代理商专门代表作者的权益。在日本出版业中,代理人是指买卖外国翻译权的人。日本有10家知名的代理商,其中“三巨头”是大苹果版权代理公司(Tuttle-Mori)、日本综合著作权代理公司(Uni Agency)和奥里昂(Orion)出版社。近年来,翻译书籍在日本非常热卖。另一方面,日文翻译成其他语言的作品数量却比较小。但通过日本输出版权中心(一个代理机构,专门把日本作品翻译到外国)的积极努力,出版商逐步认识到出口图书的重要性,外国出版商也渐渐对日本文学产生了兴趣,这些趋势鼓舞更多日本书籍被翻译到海外(尤其是亚洲国家)。

尽管日本的海外版权市场究竟有多大还尚无确切的统计,因为版权协议很少公开,也没有专门的机构组织来进行登记,但是,西方人一致认为这一市场是巨大的。1996年,日本出版的前20种畅销书中,格拉汉姆·汉考克的《上帝的指纹》居第3位;约斯坦·加尔德的《索菲的世界》居第11位;丹尼尔·格尔曼的《情感智商》居第12位;西德尼·谢尔顿的一部新作位居第15位。1997年8月,日本前30部畅销书中只有两部翻译作品:位居第19位的斯蒂汶·考维的《高效人的7个习惯》和位居第24位的亚瑟·C.克拉克的《3001年最后的奥德赛》。

此外,还有许多小小的成就。日本人对外国的新观念、新话题非常感兴趣。英国代理社(日本)的威廉·米勒先生说:“在日本的所有版权代理机构的生意都不错。”他发现，在目前的日本图书市场上翻译的企业图书需求量极少，而非小说和新小说则非常走俏。他说，尽管电影只在一家影院放映，但日文版的《火车点》仍然卖得挺火。据悉，该代理社已将布里安·马奇的《一位哲学家的忏悔》的版权卖给了日本放送协会，并以此作为献给《索菲的世界》书迷的又一个礼物。日本放送协会已经售出了180万册精装版《索菲的世界》。1997年，斯蒂芬·莱克涉芬的《时间转换》以7万册的销量成为该公司的畅销书。诺里·艾里是日本大型一般图书出版社Chuokoron-Sha国际编辑部的总编辑。他说，与美国的图书相比，我们更多地从英国出版社购买高质量的文学作品，因为英国作品更能吸引读者。例如，许多日本出版社对布克小说奖获奖作品格拉汉姆·斯维夫特的《最后的命令》表现出浓厚的兴趣。艾里先生说：“6年前日本出版了许多美国文学作品，日本读者似乎已经厌倦了这些作品。”日本书业界的许多人士相信，折扣在日本市场上将变得越来越重要，对于占日本进口图书80%的教育图书来讲更是如此。

代表布莱克维尔出版社、剑桥大学出版社和鲁特里奇出版社的日本联合服务公司经理苏托说：“图书馆和消费者一直在关注折扣问题，但是作为一家图书批发商和发行商，我们必须紧跟丸善书店制定的价格，图书馆购书预算是固定的，因此出版社很少改变其价格。”

事实上，日本政府最近削减了图书预算，并制定了对进口数据库征收10%的税收的政策。这包括软件数据库。因此，教育图书进口商必须付出极大的努力以便保持其市场份额。苏托说：“我们提供日本书业向图书馆和学校推广图书所使用的全部宣传服务，因为它们是主要客户。书店则将其注意力集中在有单独研究经费的大学和大学图书馆，因此有许多研究工作需要我们去做。”

英语语言教学图书在日本图书市场上也是一支重要力量。在这方面，剑桥大学出版社处于领头羊的地位，成为活跃在日本ELT图书市场上的三强之一。此外，日本联合服务公司继续集中精力和一些英国出版社进行合作出版项目，此类项目占其总营业额的15%。

第七章

韩国出版业

韩国的印刷史可追溯到新罗王朝(公元前57年—公元935年),包括佛教经典版画、歌书、诗集、历书等。后来在高丽王朝(公元918年—1392年)期间复制了中国经典文章,继续保持繁荣。现在普遍承认,韩国发明活版印刷比古登堡超前200多年。另一方面,韩国的现代商业出版史还不到40年。1945年二战结束时,韩国摆脱了日本36年的殖民统治,当时几乎没有韩国出版社。在独立后几年里建立的为数不多的几家韩国出版社,也大多数在朝鲜战争(1950年)中化为灰烬。因此可以说,韩国的近代出版业,开始于1953年朝鲜战争结束。但在短短数十年中,韩国的出版业取得了显著的进展,这与韩国经济的全面发展相平行。比如韩国经济,其国内生产总值在1981年至1990年的10年间增加了3倍。出版社的数量也增长了接近3倍。出版的总书量和每种书的印刷数量差不多都比同期翻了一番。

第一节 出版业概述

从1987年起,韩国政府放开了对出版业的限制,实现了注册出版社的“自由化”。现在,注册出版社的“自由化”,改变成为了“申报制”,韩国的出版社只要普通市民向相应部门领导(市长、郡首、区厅长)做简单登记并“申报”即可建立。正是这种便利,出版社的建立呈现膨胀趋势。1991年10月底,出版社数量增至6 299家。2004年,出版社数量增至22 498家。然而在这些出版社中,仅1 751家(7.6%)年出版1种以上图书。另一方面,全年没有出版一本新书的出版社占总数的92.4%。出版业与其他行业一样集中在韩国首都——首尔。1991年时,4 859家(约占77%)位于首尔,占据了全国94%总的书种印刷量和98%总的印刷册数。2004年,在所有的出版社中,16 018家(约占71.2%)位于首尔。2005年,首尔市内有近1 200万人居住,占全国总人口4 704万的25.5%。除首尔外，仁川、水原和首都周边省份京畿道也有大量出版社存在。

2004 年，韩国共出版新书 35 394 种，比上一年总量增加 23 种（约 0.1%）。总印量 108 958 550 册，比 2003 年的总数 111 450 228 册减少约 2.2%。另外一个重要的事实是，一些关于文学历史的书籍的出版量大幅增加，这反映了普通读者对文学、历史的兴趣逐渐增长。2004 年，平均每种书印刷 3 078 册。但是如果除去远远高于平均值的学校课本（平均印数达 11 619 册），这个平均印刷量将急剧下降。

韩国图书的零售价格相对其他商品价格来说较低，特别是在转换成主要外币后就变得更加便宜了。1991 年一本书的平均零售价是 6 901 韩元，折合 9.04 美元，4.80 英镑，13.7 德国马克，1 130 日元。2004 年每册书的定价是 10 777 韩元。

韩国出版商协会（KPA）成立于 1947 年 3 月，即在韩国摆脱日本殖民统治两年后，主旨为“保障新闻自由，建立和发展有利于出版的状态，促进出版商之间的共同友谊”。截至 1991 年 3 月，协会成员有 1 031 家出版社，占所有图书印刷量的 90% 以上。它出版的 *Chulpan Munhwa*（即《韩国出版商协会杂志》）是内部机构月刊；*Chulpan Yongam*（即《韩国出版年鉴》），包含与出版有关的资料和数据，比如出版图书的名单、期刊名单，中小学教科书，出版社统计表、名册，书店和批发商名单。《韩国图书》是韩国出版的图书的英文名单，两年出版一次；《韩国出版社指南》包含每年成员出版社的英文名单、版权机构及其他相关组织机构名单。

第二节 图书发行

韩国图书通过多种渠道销售。大约 63% 的图书在书店销售，图书的发行或者通过最传统的途径：出版商—批发商—零售书店（35%），或者从出版商直接到零售书店（33%）。其余的则通过连锁店、分公司或销售员送货上门、邮寄等直接销售方式发行。缺乏一个有活力的、有效管理的发行系统是韩国出版业发展的主要障碍。特别是小型书店(无论店面还是经济方面)一直是韩国出版业发展的主要瓶颈。例如,分布在全国各地的总共4 739家书店中,只有44家楼层总面积超过330平方米,平均的楼层面积只有50平方米。

令人鼓舞的是出现了这样一种迹象:为了满足不同兴趣读者不断增长的需求,大型图书中心往往选址于市中心地铁站附近的新建办公大楼。韩国最大的书店"教保文库"位于首尔江南区的最大分店,超过3 000平方米,书种超过5万,总册数达250万。"金宝文库"营业额最高的首尔光化门店,书种与册数更多,年销售总金额可达1亿美元以上。目前,首尔有5个大型图书中心,除了金宝图书中心(Kyobo Books)、Chongno图书中心外,还有Ulchi图书中心、世界图书中心和永奉图书中心(Youngpoong Books)。后者是在1992年7月才开始营业,位于金宝图书中心和Chongno图书中心之间的街道上。尽管小型书店强烈反对开办大型图书中心,这却似乎是一种趋势,且还要蔓延到其他大城市,因为大型图书中心能够有效地处理每年快速增加的图书量。在经历金融风暴和网络书店的冲击后,韩国许多老字号书店纷纷倒闭,曾有一年近800家关门的纪录。

目前,韩国网络书店的总业绩已达整体书店业绩的15%。韩国传统书店也受到网络书店的影响,近况大不如昔。2004年2月,韩国22个主要书店组成的韩国书店联盟(Hanseohyup)的网上书店全部采用了富士通基丁"瞬索"的图书搜索系统,无论多么复杂的搜索,新系统都可以在3秒钟内显示结果。

第三节 版权保护

韩国参加的国际条约有《世界版权公约》、世界贸易组织《知识产权条约》和《伯尔尼版权公约》等。韩语翻译版图书出版量在1987年韩国加入《世界版权公约》后明显下降了,1990 年出版了 3 366 种翻译版,有恢复的势头。到 1991 年,数量增加到 3 901 种,也就是说比前一年的总量增加了 535 种(15.8%)。2004 年,这一总数达到了 10 088 种。必须指出的是,所有的翻译版图书,在得到作者许可情况下出版的数量极少(粗略估计为 3%—10%)。这是韩国版权市场的特殊情况。只有在 1987 年 10 月 1 日,韩国正式成为《世界版权公约》签约国那天,或之后开始出版的外国图书,其韩国语版权才受法律保护。因此,对于在 1988 年之前出版的图书,出版社不愿意向其作者支付费用来获得韩语版权的许可,因为即使其他没有得到许可的出版社出版了这种 1988 年之前图书的韩语译版,也没有法律措施可以采取。美国图书重印权却是这种情况的例外。根据双边协议,美国图书重印权的保障可以向前追溯 10 年,即美国图书的法律保护延长到了 1978 年之后。

根据韩国文化部 1992 年 2 月发表的调查报告,自 1987 年 10 月 1 日韩国签署《世界版权公约》之日起,到 1991 年 11 月 30 日,在这 4 年期间,总共签订了 1 146 项合同来购买外国图书的附属权利。这些权利的大部分是翻译权(992 项合同,占 86.6%)。其余部分是重印权或者是重印权与翻译权相结合。社会科学和文学是进口著作权的主要种类。在这 4 年的调查期间,只有 220 家出版社购买了国外版权。大部分合同不是美国版权(499 项合同,占 43.5%)就是日本版权(415 项合同,占 36.2%)。但是欧洲图书合同数量保持稳步增长,从 1988 年的 10.4% 增长到 1991 年的 18.1%。

越来越多的外国版权通过版权代理来注册。其中 919 项合同,占 80.2%,是通过版权代理来促成的。因为越来越多的外国出版商和代理商通过代理机构来注册书的版权,这个趋势有望成为未来的一般惯例。在韩国有十几家版权机构,但其中只有 4 家是有活力的。2005 年参加法兰克福书展的韩国 74 家出版社所进行的著作权洽谈共 2 058 件,其中签订合同的大约 352 件,达 3 688 800 美元左右。在 2004 年共 13 家出版社联合参加著作权洽谈,总数为 513 件,达成协议的 108 件,达 1 104 600 美元。

表 1　2003 年—2005 年韩国一般出版社和大学出版社所发行的新书种类比较

	2003 年	2004 年	2005 年
全国一般出版社	35 371 种	35 394 种	43 585 种
大学出版社	1 702 种	1 753 种	1 861 种

表 2　1994 年—2004 年韩国新书类别和总数统计表
（来源:1994 年—2004 年韩国出版年鉴）

年度 类别	2004	2003	2002	2001	2000	1999	1998	1997	1996	1995	1994
一般类	192	152	206	360	382	379	449	301	359	350	283
哲学	584	609	546	527	600	577	898	733	722	717	727
宗教	1 181	1 240	1 172	1 351	1 482	1 690	1 837	1 768	1 718	1 834	1 941
社会科学	4 651	4 125	4 243	4 168	4 335	4 483	5 001	4 268	3 856	3 502	3 539
科学技术	3 405	3 796	4 092	4 038	4 645	4 486	4 634	3 962	3 760	3 676	4 350
艺术	1 308	1 205	1 116	1 113	1 380	1 400	1 341	1 200	1 094	1 107	1 314
语言	1 503	1 512	1 422	1 561	1 449	1 357	1 488	1 448	1 557	1 624	1 321
文学	6 070	5 586	5 067	4 806	4 826	5 020	5 034	4 440	4 411	4 771	6 053
历史	1 128	915	840	811	871	821	1 137	1 015	945	972	966
教科书	1 485	1 931	2 319	1 673	1 600	2 298	3 115	3 640	4 107	4 691	4 710
儿童图书	5 915	5 219	6 103	4 754	4 062	3 399	3 864	4 538	4 135	4 163	4 360
连环图画	7 867	9 081	9 060	9 117	9 329	9 134	8 122	6 297	5 592	4 699	4 930
总计	35 289	35 371	36 186	34 279	34 961	35 044	36 920	33 610	32 256	32 106	34 494

表 3　2003 年—2005 年韩国图书输出情况

	2003 年	2004 年	2005 年
输出数量	2 100	2 740	4 910

现代出版学丛书

第八章

荷兰出版业

荷兰的出版业自20世纪60年代以来经历了一场深刻的变革。出版业过去曾一度属于绅士们的职业,从事该职业的人热爱书籍,他们的个人喜好是手稿能否出版的重要因素。然而,如今书籍交易的商业化意味着是否出版将取决于最终的销售量,而且这种预期的市场销量可以通过市场调查的方法获得。与此同时,随着市场体系和信息系统的发展,出版发行的自动化程度不断加深。经济规模的扩大促进了出版社在荷兰及世界其他地区的出现,欧洲的联合更是加剧了这种国际化的进程。

世界上有超过2 100万的人说荷兰语,其中约1 570万分布在荷兰本国,600万分布在双语国家——比利时的北部(弗兰德)。因荷兰语分布的地区狭小,其出版量、销售量及利润都较低,这就导致了用于促销和市场调查的预算基金较为有限。尽管如此,荷兰的图书出版社、销售商及图书馆在市场调查及信息服务方面都有着优良的传统和丰富的经验。荷兰从事与图书相关的销售调查及文献服务工作的主要机构是图书销售调查协会(成立于1960年)和国家公共图书馆协会(成立于1972年)。它们自20世纪80年代初就集中公布与图书销售相关的统计数据。1930年,图书销售商成立了荷兰图书合作宣传会,其目的在于促进荷兰图书的集中销售。该机构集中组织各种图书促销活动,并针对不同的顾客采取不同的销售策略。出版社及销售商等商业组织以平等的原则参与该机构的各种活动。图书合作宣传会每年的一个重要活动是举办图书周及儿童图书周。

第一节 出版业概述

1815年,荷兰皇家图书交易协会成立。该协会最初的目的在于打击图书盗版行为。但很快协会就开始关注各种与书籍相关的问题,其中包括对发行者及销售商提供认证,发行贸易类期刊(*Boekblad*),进行市场调查，开展专业教育项目。该协会也负责维持转售的价格，这种做法有点类似于英国的净价书协议。荷兰皇家发行者协会是荷兰图书发行者传统的组织，它几乎将所有经过认证的3类专业图书的发行者联合在一起，并负责维护图书发行者和出口商的利益。出版发行的活动主要集中在阿姆斯特丹。

20世纪初，荷兰的出版社仍以小型家族式的为主。第二次世界大战后，大中型出版公司日益增多。自20世纪60年代起，荷兰的出版社与图书销售商出现融合的趋势。这个时期出现了许多大型甚至是国际化的公司，这些公司不仅出版各种不同类别的图书（书籍、杂志、期刊），还拥有众多的图像产业、书店及零售店。这样的大公司有奥达克斯、爱思唯尔、VNU、威科等。

目前，荷兰有出版社500多家，年出版新书7 000余种。大型出版社有23家，中型出版社有28家。荷兰最大的10家商业出版社年度出书种数占全国年度出书总数的60%。出版社主要集中在阿姆斯特丹，其次是海牙、乌得勒支。主要的出版社有：荷兰联合出版公司、爱思唯尔科学出版公司、威科出版集团。据《2005年荷兰年鉴》统计显示，2002年有6 910人在荷兰图书出版和印刷业工作。

荷兰1912年加入《伯尔尼版权公约》，1921年颁布《版权法》，1979年加入《世界版权公约》。据统计，1994年—1998年，荷兰版权产业的增长率为5.6%。

创建于1991年的荷兰文学创作与翻译基金会是一个非盈利性的政府机构，每年资助150多本著作在国外出版，包括小说、非小说、儿童文学等。基金会向外国出版商提供翻译费补贴，最高可达翻译费用的70%，在一些情况下还会提供出版费用。

荷兰主要与英国、美国、卢森堡、比利时、德国进行书刊贸易。荷兰出版商对英国和美国热门出版物往往跟风很紧，一本畅销书在英、美出版不久，荷兰出版商就会出版其英语和荷语版本。2003年，荷兰进口英国的图书价值总额为7 110万英镑，比2002年的6 930万英镑增长了2.6%，有的作品在荷兰的销量甚至超过了其在英国的销量。2003年荷兰进口的美国图书总值为1.05亿英镑，较2002年的1.24亿英镑下降了15.3%。

第二节

图书发行

荷兰书商协会的调查数据显示,2006 年荷兰书店的总量为 1 845 家,营业面积达到 27.7385 万平方米。很多类型的图书实现了增长,最高的为儿童书,增幅为 7.4%,《哈利·波特》系列的畅销是主要原因之一。

从 2005 年 1 月开始,荷兰通过立法保证不使用折扣销售文学作品,荷兰书商对大众读物不允许使用折扣销售。这一立法保证了荷兰大量的中小书店的生存。2004 年是荷兰图书贸易发生变化的一年。定价制度得到通过,并达成了新的资料保存协议。图书定价制对降低图书价格进行了严格的限制,而且规定,要变更书价,必须向有关部门上报。图书定价制将在不确定的一定时期内有效力。出版商有可能一年后停止实施定价制,那时书商就有权力降低价格。书商只能在图书出版至少两年后而且在过去的一年内没有被两次订购的情况下,变更图书价格。书商也需要向有关部门报告这些事件。该法案提供了打折的可能性。这些折扣水平将由图书贸易规则决定。

荷兰发行者通过各种各样的渠道销售他们的图书:直销、书店、图书俱乐部、超市等。荷兰发行渠道建设很好,全国各地书店众多,并已经形成网络;读书俱乐部遍布全国,并实行统一书价。这些有利因素有力地推动着荷兰图书出版业的发展。

对发行商来说最重要的渠道是 CB(国家图书分销中心)。该中心于 1871 年由发行者和中立的图书销售商共同成立,是一个非盈利性的组织,是出版者和销售商之间进行接触的一个平台。国家图书分销中心扮演批发商的角色,它储存的图书超过 6 万种。

荷兰书商协会的数据显示,目前约有 1 万人在书店工作。截至 2005 年 3 月,协会拥有会员 1 127 名,通过 1 373 个分销渠道销售图书。协会董事会由7位书商和会长组成，每年都组织至少两次全体会议，这是协会最高级别的会议。2004年，书店环境发生了巨大变化。随着书商登记制度的取消，现在对书商来说最重要的是通过专业化使书店与其他销售渠道有所区别。2004年，协会采取了一些行动来保证书店中受过培训的员工的水平。

荷兰拥有上千个读书俱乐部，其出版在欧洲名列第二，成为推销图书和唱片的重要渠道和方式。早在1936年，荷兰就出现了第一家图书俱乐部——荷兰图书俱乐部（NBC）。荷兰各图书俱乐部的年度营业总额占全国图书年度营业总额的20%左右。现在，最为重要的图书俱乐部是欧洲国际俱乐部（ECI），会员已经遍布荷兰60%以上的家庭。其次是荷兰读者圈（NKL）。这3家俱乐部在荷兰和比利时共为140万名成员服务，并每年分4次为其每个成员提供125本书。荷兰最主要的连锁书店有AKO连锁书店、布鲁纳连锁书店和BGN连锁书店。荷兰主要的网上书店是BLO. COM，提供超过14万种出版物。

第三节

出版巨头

在荷兰图书市场上，畅销书占有的份额不断上升。维恩出版集团总裁伯特·德·格鲁特说这种现象没有什么不好，不过阻碍了图书品种的扩大。在畅销书排行榜上，翻译书籍一般要占据前10位的位置，销售量一般在5位数，但销售最好的还是荷兰图书，销售额一般在5万册到10万册之间。

位于阿姆斯特丹的马里约克·里金坎普是这个国家为数不多的世界级代理人之一。他与蒙诺·克恩和卡罗琳·凡·基尔德伦一道把翻译权引进荷兰。尽管几乎所有著名的翻译作品的出版社均隶属于一个集团，但里金坎普发现这些出版社的社长不必向总部汇报就可作出出版决策。

他认为这是翻译作品出版的一大幸事。不过刚刚上任的J. M. 莫伦霍夫出版集团总裁查恩塔尔·奥尔尼斯则认为应该重视对本国作家的培育。

一、靠翻译书发家的莫伦霍夫出版集团

荷兰图书市场实际上是被6家出版集团所控制,而且他们都认为自己还应该更大,言下之意就是他们要进行更多的兼并。这6家集团分别是莫伦霍夫出版集团、维恩出版集团、波斯克·昆宁出版集团、维克布雷德波斯出版集团、海特·斯比克特鲁姆出版公司和贝塔斯曼出版集团。

庞大的莫伦霍夫出版集团隶属PCM媒介集团。据奥尔尼斯估计,荷兰图书市场有一半多是控制在该出版集团手中,但实际数字可能高达70%到80%。可以肯定的是,莫伦霍夫出版公司的市场股份刚刚超过20%。目前莫伦霍夫出版集团下辖5家出版公司及众多的分社。在出版翻译书方面,奥尔尼斯认为不仅要出好书,而且还要突出一个"快"字,这样才能和美国或英国的版本进行竞争。快速推出翻译作品的一个方式就是尽早拿到书稿。这就是为什么荷兰总是成为出版美国热门新书的第一个外国市场。另一个成功的秘诀就是向国外派驻书稿猎手。这些人不但能够掌握最新的外国出版市场行情,而且还可以有权代表总部洽谈版权生意。

莫伦霍夫出版集团所属的M出版社主要出版高质量的小说,即科幻、惊险、犯罪和言情小说。阿里纳出版社则专门出版青少年读物。这两家出版社每年共出版图书200余种。翻译作品的数量在莫伦霍夫出版集团出版的所有图书中占到一半,其中80%又是由上述两家出版社出版的。该集团曾经出版过菲力普·罗斯、詹姆士·萨尔特、加伊·麦克纳尼、彼得·霍格、马里奥·瓦加斯·罗莎及诺贝尔文学奖得主朱赛·萨拉马格等名家的作品。

集团所属的德·鲍克里奇出版公司原来是荷兰科技出版巨头爱思唯尔所属的小说出版部。该社在马里约克·巴特尔斯社长的领导下取得了辉煌的成就,目前有两本小说占据畅销书排行榜的前两位。该社每年出版130种新书,还有48种重印书。与上述两家出版社一样,翻译书籍也

占有重要地位。这里曾经出版过詹姆士·克拉维尔、伦·戴顿、苏·格拉夫顿、杰克·西金斯、朱迪斯·克兰兹、马里奥·普佐和西德尼·谢尔顿的作品。巴特尔斯说,并非所有的翻译书籍都是来自英文,还有西班牙文和德文。翻译的法文图书比较少。销量达到50万册的翻译图书可以说是司空见惯,这对这么一个小的国家来说简直是令人难以置信。一般来讲,在荷兰,"畅销书"这一概念指的是销量在5万册以上的图书,有时销量在2万册的图书就可以上榜。由于竞争激烈,为了确保翻译作品先于英国版或美国版尽快上市,这就要求原出版者和代理人的密切合作。在非小说领域,巴特尔斯不得不回绝一些非常有市场的图书,因为她知道在她的翻译版本上市之前,荷兰的报纸将会刊登对英文原版的书评,书店就会进货了。此外出版集团还收购邻国比利时的一家出版社,利用合作出版社的方式来开发这一市场。

二、维恩出版集团的巨大飞跃

长久以来,威科出版集团对一般图书的出版不太重视,不过却保留着维恩出版集团。据集团总裁伯特·德·格鲁特介绍,维恩集团所属的大部分出版社集中在阿姆斯特丹。分社之间是相互竞争的,而不像有些国家那样垄断。目前维恩出版集团已经跃居为荷兰第二大出版集团。

维恩集团在国际上最有名的出版社是路易丁·西伊索夫出版社。该社每年出版100多种图书,90%是翻译图书,其中幻想、恐怖和科幻小说全部都是翻译作品,包括斯蒂芬·金、帕特里西亚·考恩维尔、丹尼尔·斯蒂尔、麦克尔·克里奇顿、迪恩·孔茨、约翰·勒·卡里和罗伯特·路德拉姆等名家的著名作品。

康塔克出版公司隶属于维恩出版集团,可以说它是帝国中的帝国。经理马里奇·伯特拉姆说出版公司主要出版非小说、荷兰文学和翻译作品。公司下辖4家出版社,每年出版新书190种,其中考斯莫斯·佐莫尔—库宁出版社以出版旅游、园艺和烹饪书籍为主。再加上近期进行的一些兼并,这样该社就成为荷兰最大的非小说出版社。该社每年出版新书300种,其中翻译书籍占到一半。大多数插图图书来自英国,影视作品则来自美国。据出版社社长汉斯·简森介绍,出版社每年也出售大量的版权，其中主要是园艺类图书。

三、升起的新星——波斯克昆宁出版集团

波斯克·昆宁出版集团在荷兰出版界的影响并不大，不过这一局面正在发生巨变。直到1997年，集团最大的业务仍然是印刷。但是到了1998年，集团效仿沃尔特斯·克鲁维尔出版集团和爱思唯尔出版集团的做法，卖掉了印刷企业，转向了图书出版。目前该集团占有的市场份额已经超过20%，主要是依靠兼并获得。这些兼并活动包括蒂里昂旅游出版社、考克社科出版社。此外还有6家出版社分别出版小说、非小说和儿童读物。其中安姆波出版社和安索斯出版社是两家文学出版社，他们拥有荷兰最让人眼红和嫉妒的文学在版书目。据负责文学出版活动的集团经理艾瓦·考西说，这两家出版社还是有区别的。安姆波出版社更加注重欧洲文学，尤其是欧洲古典和当代作家的作品，而安索斯出版社则更加关注美国文学，曾出版当·德里罗等名家的作品。这两家出版社还有一个独特的做法就是，不仅出版翻译作品，而且还出版原版书。另外，集团将继续进行兼并活动，扩大集团的经营规模。

四、多种经营的维克布雷德波斯集团

人们都知道德·阿比德波斯出版社、格里多出版社和尼加·范·迪特马出版社等出版社，因为这些出版社出版了许多著名的文学作品，但人们却很少知道拥有这些出版社的维克布雷德波斯集团。该集团不仅出版文学书籍，而且还出版杂志、教科书和一般图书。最近又兼并了小说出版社德·比西格·比伊出版社。集团声称控制着荷兰文学市场30%的份额。集团经理说："作为荷兰文学出版市场的领头羊，这既是我们的优点，同时也是我们的弱点。因为尽管我们摘取了那么多文学奖，可这并没有帮助我们在国际上驰名。"目前，集团每年出版100种文学新书、110种非小说和140种重印书。

五、海特·斯比克特鲁姆出版公司:飞翔的独脚兽

海特·斯比克特鲁姆出版公司是荷兰最大的独立出版社,也是唯一有点实力的独立出版社。公司由3部分组成,即图书、多媒体出版物和网络售书。在图书出版方面,公司由5个出版部,即词典部、参考书部、小说部、非小说部和儿童读物部。公司每年出版100多种新书,在一般图书市场上所占的份额为6%—7%,这相当于荷兰最小的出版集团市场份额的一半。

在一般图书出版中,出版公司90%的图书是翻译书籍。出版的小说几乎全部来自英美。在非小说出版方面,有译自德文和法文的翻译书,也有一些本国书籍。该公司成立的网络公司已经开始售书业务,这是荷兰第一家网络售书公司。该公司与荷兰书商协会达成协议,其会员均可在公司的网址上建立网页(WWW. BOEKNET. NL)。

六、贝塔斯曼出版集团

欧洲国际图书俱乐部现在是贝塔斯曼出版集团比较幸运的图书俱乐部之一。它不仅赚钱,而且还没有竞争对手。ECI图书俱乐部最近决定将每月的图书目录翻一番,增加小说尤其是惊险小说的数量。俱乐部位于阿姆斯特丹以南,俱乐部经理并不否认俱乐部会员数量在减少,但比邻国德国和法国的情况要好一些。为了保证销售额,俱乐部增加了年度图书目录的发行次数,并通过对数据库的有效管理,以特殊订单的方式发展会员。目前,俱乐部主要推荐书目的平均销售额在1万册—1.5万册之间,有时甚至可以达到2.5万册。欧洲国际图书俱乐部从所有的荷兰出版社进货,并与他们保持着良好的合作关系。

第九章

印度出版业

在20世纪中叶之前，印度的图书出版一直由英国所属的分支机构所掌控。本土出版业在1947年独立后才开始逐渐确立起来。教育的发展和文化的复兴导致了对与本土相关书籍的巨大需求和热望。

第一节

出版业概述

今天，印度是全世界最大的图书出版国之一，是美国和英国之后的第三大英文图书出版国，并且位于15个图书总量最大的国家行列之中。尽管印度的出版业更加注重于文学、社会科学和宗教，但是它们几乎涉及到每一个学科和专业，包括计算机科学在内的纯科学技术类的书籍也开始大量涌现。在基础教育和大学本科教育阶段，印度的图书需求大部分由本土图书所满足。进口图书主要迎合了更高等的教育，尤其是科学、医学及技术方面的研究层次。

印度出版业中的一个相当大的份额是由公众事业部门掌控的。在基础教育阶段，课本的出版被定义为是“国家化的”，尽管正在逐步与私有部门共享，但是仍然在邦的管辖之下。除了学校的图书，政府的一个主要贡献是出版可能不具备商业价值但是对公众兴趣很重要的研究论文和学术材料或提供资助。除了关于教育和研究的材料，出版部门还以一定合理的价格，推出有关政府政策和计划的资料性文献及适合大众兴趣的优质阅读材料。这些政府和半政府部门大部分服务于那些用以满足巨大的国家需求的企业，他们向印度的出版界增添图书的卷册和种类。政府出版所导致的书籍和读者群的增加有助于形成公众书籍的市场，并因此为整个图书产业营造一个健康的环境。

在印度的各个邦，出版商和书籍销售商都会遇到可以最好通过彼此之间的联合来解决的特殊情况。因此，一些当地的图书产业协会已经形成，并在每个邦至少有一个。在国家层次上，给予成员以职业和经济利益帮助的协会是印度出版商联盟和书商协会联盟。在20世纪80年代，印度年出版图书在14 000到17 000种之间。2005年，印度的新书出版达到6万种，刊物13 000种，其内容涉及政治、经济、文化、宗教等领域。据统计，印度大约有15 000家出版商，其中包括1 300名作者兼出版商，1 000个政府组织和半政府/自治团体出版机构，不过较为活跃的出版商只有3 000家。其中，每年出版品种超过50种的有100家，每年出版10到49种的有200家，不足10种的有2 700家。

教科书是印度发行量最大的出版物。大众书籍和商业书籍通常的印量在1 000册到2 000册之间。小说和平装本可能要更多。在印度，只要能够卖出1万册以上的图书就可以被认为是畅销书。由于盗版严重，商业畅销书的数量一般很难超过2.5万册。

在印度，正如其他的发展中国家一样，图书馆是最大的书籍购买者。据估计，在图书贸易中大约75%的营业额来自图书馆和社会事业机构。印度人的平均支付能力较低，并且阅读习惯也不容易培养，因此图书馆则在印度维持着一个主要的阅读资源。据估计，印度图书馆总数大约为6万家，其中超过4万家是官方承认的。对于出版书籍，印度没有审查制度，但涉及出版的法律还是比较健全的，其中有《图书出版与注册法》、《版权法》、《出版委员会法》。

第二节

图书发行

印度的图书发行网络主要集中在大城市，这意味着分布在村庄和小城镇的75%的人口很难进入图书出版业和图书发行中心。于是，医院、加油站、铁路书店和乡村集市便成了乡村和偏远地区提供图书零售的场所，这些渠道没有价格标准和折扣。

由于印度的很多出版社都是私营，前店后坊的书店在印度很普遍。

总部设在孟买的字谜书店(Crossword)是印度最大的图书零售店,它现在已经发展成为拥有16家分店的连锁书店。字谜书店最大的竞争对手是海岸书店,该店有图书3万种。

像其他商品一样,印度图书的价格也在上升。1992年学校课本的平均售价是15卢比,而大学课本的售价大约为100卢比。2004年,英国《书商》杂志提到:《哈里·波特》前4集在印度每册价格从239卢比到369卢比(3.40英镑到5.27英镑)不等。在私立学校,平均书价在1.2英镑左右,当地出版的大学教材平均价格是4英镑。一本进口的平装图书,如果在英国的建议零售价是6.99英镑的话,那么在印度当地的价格通常是350卢比,折合为4.97英镑。如果平装书是在当地印刷的,那么书价可能是200到300卢比,约合2.75英镑到4.10英镑。据最新统计数字显示,印度每年的图书销售总额为3 000亿卢比。业内人士认为,该市场正以10%到50%的幅度增长,预计到2007年有望成为全世界第三大图书零售市场。

第三节

版权保护

在版权保护方面,1957年的《印度版权法》保护了原创的、文学的、戏剧的、音乐的和艺术性的作品、电影胶片和留声机录音。版权的通常期限是作者有生之年加去世后50年。版权委员会由政府成员组成,来解决涉及到版权和版税事宜的纠纷。印度是《世界版权公约》、《伯尔尼版权公约》和《联合国教科文组织世界版权公约》的签约成员国。1999年修订并于2000年1月实施的《版权法》,则实现了印度《版权法》同《与贸易有关的知识产权协定》(TRIPS)的完全接轨。

在印度,图书盗版活动很猖獗,主要原因是进口图书价格过高。不仅文学作品被盗版,许多课本也遭到同样的命运。为了遏制盗版,印度在

1984 年修订了《版权法》。在此次修订中，盗版被宣布为一种可认识的、经济上的侵犯，并且强制性的要施加至少 6 个月的徒刑，并在首次审判时至少处以 5 万卢比的罚款。印度《版权法》在 1995 年 5 月和 1999 年 12 月又经过两次修订，采取对盗版侵权行为更为严厉的惩罚措施，增强了对版权的保护力度。

2006 年，印度图书出口和进口达到了一个良好的平衡状态，图书出口产值是 46 亿卢比，而 10 多年前的 1991 年，出口总值仅仅是 3.3 亿卢比。国外也逐渐接受印度图书的英译本。印度将本国语言的图书出口到相邻国家，如将乌尔都语文学图书输入孟加拉国，将印度南部语言图书输入海湾国家。

第十章

加拿大出版业

加拿大图书出版业主要有两大部分,一部分是英文的,另外一部分是法文的,也可以按所有权划分为外资控股(主要是美国的股权)和国内所有。加拿大国有出版社并不是大型出版或通信集团的一部分,而外资控股出版社一般来说却是。为了保护出版业,加拿大政府也不允许在加拿大图书出版业内建立外资独资公司,外资最大比例不超过25%。加拿大出版商的某些经营出版活动得到政府的财政补贴。根据加拿大统计局的报告,加拿大出版业2004年收入超过20亿美元。从最新的调查数据看,出版业几乎有一半的收入来自外商控股的公司。事实上,在被调查的6%的外资控股企业中,这些企业的总收入占被调查企业的47%。在整个加拿大图书的销售收入中,外资控股企业所占比重还更大,2004年他们的书籍销售收入达8.08亿美元,约占总收入14亿美元的59%。在2004年图书出版业的总利润为2.35亿美元,利润达10.9%。在2004年出版业的调查中,62%的企业盈利了。大部分的收入来自被调查出版社销售的自有图书和代理图书。这些收入占被调查出版社2004年总收入17亿美元的84%。图书出版商的其他收入包括批发、销售和服务的落实。大部分图书都在加拿大本土出售,外销或出口的图书只占总收入的16%。在调查中,在加拿大本国销售的图书里,本土产的图书特别是教育书籍获得最大的收益,约有8.54亿美元,教育书籍占43%。

第一节　出版业概述

图书出版明显有别于杂志出版,尽管某些杂志社出版相关书籍副产品给他们的用户,如《读者文摘》、《加拿大生活》等。加拿大有1 300家书店,其中800家是独立的。市场分为两半:连锁店和独立店。两大连锁店克尔斯(Coles)和史密斯图书(Smith Books),现在均为加拿大人拥有。这些连锁店通过电脑监测销售,由中心办公室下令指导全国的出货。独立书店主要见于大城市,很大程度上有慢卖家的头衔。

根据加拿大北京使馆2005年最新的统计资料,加拿大拥有300家出版社,其中包括188家英文出版社和112家法文出版社。直接服务于该行业的人员达7 000多人,还未包括知名作家、印刷商、书店、自由职业作家和参与图书制作、印刷、销售的临时工作人员。加拿大出版商的图书目录共包括87 548种图书,由49 416种英文书籍和38 132种法文书籍组成。英文业集中在多伦多,法语业在蒙特利尔。然而就规模、地点、类型定位来说,这个行业是多样的。

2004年有数千种新书进入加拿大市场,出版商出版了16 776种新书,比2000年增长了6.8%。重印12 387种,比4年前多了19.4%。2004年出版的新书半数以上是一般图书,包括成人小说及非小说。教育图书占新书的20%。再版图书中,半数以上是教育图书。加拿大出版社独家代理的图书占销售收入的很大比例,约有5.15多亿美元。教育图书所占比重最大,将近39%。80%的外资出版商所获利润丰厚。相比较而言,2004年加拿大本土出版商只有60%在赢利,外资出版商赢利的达到80%。外资出版商的收入占2004年加拿大图书销售收入的59%,教育书籍中占67%。在图书出版的总数中,他们占所有教育图书新书目的31%和重印书目的35%。

安大略省和魁北克省的公司收入占图书出版业的多数。安大略省的出版商收入约为14亿美元,超过魁北克省总计5.26亿美元的企业收入的两倍还多。值得注意的是,19家外资公司都在在安大略省和魁北克省。安大略省这些公司占省内出版收入的51%,魁北克的占45%。这些出版社全职和兼职职工只占就业人数的1/3。

20世纪60年代末,加拿大人自己建立了许多小型出版社,政府也出台政策以支持其继续存在。目前,除了财政支持外,外资在图书、杂志、报纸、广播和有线电视公司方面都存在限制。许多在加拿大外国公司的子公司被卷进了美国的兼并活动。但是加拿大的进口、机构代理、出版工作表面上没有受到巨大打击。

第二节

图书发行

目前，加拿大共有3 000多家书店，包括专业书店和校园书店。大多数加拿大书店是个人独立拥有的，而且是单个书店。超级书店的到来，进一步重构了图书零售格局。其中，英迪高—查普斯特就占有60%的市场份额。现在，该联合集团在加拿大共有87家超级书店。亚马孙网上书店加拿大分店则是加拿大境内最大的网上书店。除此之外，还有类似好事多、沃尔玛等超级零售连锁店，以及批发商、图书馆供货商等从事图书销售。最好的销售者一般是某个星期内销售书籍最快的，可以销售3 000册之多。

加拿大图书市场比较狭小，充其量也不过是20亿加元。但是近年来，由于加元对美元的汇率低从而增添了加拿大图书在价格上的优势，再加上连锁书店的迅速发展、全国性图书批发公司的成立及出版社经营的国际化，从而使得加拿大出版业充满了活力，读者群不断扩大，效益持续上升。

发行系统一般是指一家大型出版社合并一些小出版社，前者直接将书销售到书店、图书馆和其他机构，辅以区域批发店（加拿大横跨4.5个时区）和批发商（包括在美国的）。书店可以退回没有损坏的未售出图书，但必须支付运费。出版社试图阻止这种现象。打折也不像以前那样罕见了。没有价格维护体系。在魁北克，事业单位通过去认可的书店购买图书，价格维护确实存在。地区代表不断造访书店，还举办每年一次的加拿大书商联合会大会来进行促销。来自加拿大国内及美国的读书俱乐部和直接邮寄占26.6%的巨大市场份额。许多省有中央学校书籍购买机构。一本新的加拿大硬面精装小说平均零售价大约是25美元。一般打折幅度在43%—51%。未售出的书可以打折出售。“剩余书”（指那些被送回给出版者或者剩余书库的没有售出的书)的特殊交易很有可能为打折销售提供了基础。

一、连锁书店竞相开办超级书店

加拿大最大的两家连锁书店查普特斯连锁书店和英迪格连锁书店为了争夺总值为20亿加元的图书市场而纷纷开办超级书店。英迪格连锁书店自1996年成立以来已经在加拿大各地开办了32家超级书店。书店经理西斯尔·雷斯曼说:"我们吸引的是那些热爱书籍和印刷品的忠实读者,所以无论是进货方面还是书店装饰方面都要体现这一宗旨。"

查普特斯连锁书店开办的超级书店数量为74家,分店数量为275家,并以每年10家的速度关闭,或合并为更大的分店。书店经理斯蒂温森对书店的未来充满信心。他说:"加拿大图书市场可供超级书店发展的空间是125到150家。所以说超级书店的发展潜力巨大。"尽管书店规模越来越大,品种也越来越多,但雷斯曼认为连锁书店成功的关键就是努力营造一个舒适、温馨而且具有浓厚文化气息的氛围,也就是提高书店的服务水平。这将是决定连锁书店未来的关键条件。

二、首家全国性图书批发公司

加拿大出版业最大的变化就是1999年5月初成立了派格苏斯图书批发公司,这是加拿大出版历史上第一个大型的全国性的图书批发公司。吉伊·波特出版社的安妮·波特对该公司的创办欢欣鼓舞。她说:"很久以来,加拿大书业就一直缺乏一个全国性的图书批发公司。我们等得实在是太久了。"

三、政府保护本国文化,制定新条例规范书店进货

加拿大出版商协会会长保罗·大卫森透露,政府最近将颁布实施一项新的条例。这一条例规定,除非在某些条件下,一律禁止加拿大书店从美国图书批发商那里进货,或者从美国出版社直接进货。他认为此举将对区域权的保护产生重大意义,而对于加拿大出版社来说意义更加重大。

加拿大出版商的优秀代表、老出版专家杰克·斯多达特对自己的企业发展和加拿大整个出版业的现状有着独到的看法。在过去4年中,斯多达特出版社的销售额上升了40%,大大高于加拿大整个图书市场的发展速度。出版社最大的业务是发行,每年由发行带来的收入超过8 000万加元。他有3名正式工作人员来专门负责销售海外版权。"从历史上来看,加拿大出版社一直比较重视购买海外版权,加拿大出版经纪人也比过去强大得多。"他对兰登书屋与双日出版公司的合并持反对意见。他认为:"这将会从根本上改变加拿大出版市场的格局。"尽管由于这种兼并或者合并而失业的加拿大人并不多(不到5%,美国是25%),但他依然担心这将会导致"优秀人才"的流失。"在美国并不存在文化工业这一概念,因为美国是个大熔炉,但我们需要一个民族文化工业,我希望美国人离我们远一点,不要干涉我们自己的事情。我们有大批优秀人才,他们需要政府制定文化政策给这些人才提供营养。"

他补充说:"我们是美国图书最大的出口市场,难道他们对此还不感到满意吗?我不是一个排外主义者,我对外国公司非常尊重,不过我所尊重的只是那些与加拿大人合作的伙伴。"斯多达特代表了众多加拿大出版人的观点。

四、图书馆数量众多

加拿大的图书馆数量众多,类型多样,服务一流。根据2000年—2001年美国图书馆名录(ALD)的统计,不含小学与中等学校图书馆在内,加拿大2 800万人口总计有3 633所图书馆,其中1 615个公共图书馆,1 282多个专业图书馆,453个学术图书馆,375个政府机构图书馆,1 351个各类专门图书馆。这些图书馆构成了加拿大图书销售的团购主力。

第三节 版权与政府保护政策

加拿大是《伯尔尼版权公约》和《世界版权公约》的签署国之一。版权保护期限是作者有生之年加去世后50年,版权不需要登记仍然有效。正如在美国一样,文学机构在版权交易中发挥着重要作用。加拿大共有3大书市:多伦多的加拿大书展、魁北克的国际图书沙龙和蒙特利尔的图书沙龙。

在世贸组织135个成员中,除了已经承诺开放出版的27个成员之外,还有近10个发达国家没有承诺开放出版市场,其中就包括加拿大。另外,加拿大在与美国签署的美加自由贸易协定中,也没有承诺开放出版业。例如,在协定第20章第5条特别规定,为了保护"文化产业",书报刊及影视音乐制品的出版、发行与销售不受自由贸易协定的限制。

加入世贸组织之后,中国的出版业不属于开放之列。这一点与加拿大相似。另外一个相似之处就是,在全球20大图书市场排行中,二者的市场规模接近。加拿大紧随中国之后位居第11位。加拿大政府在构筑和保护民族出版业方面的一些做法对于中国来说有着十分重要的现实意义。

一、政府干预

对于民族出版业相对薄弱或落后的国家来说,出版业在原始积累阶段离不开政府的行政干预,因为政府的干预可以起到立竿见影的作用。例如,加拿大的民族出版业就是在政府的干预之下从无到有、从小到大发展起来的。由于历史和地理等因素的影响,在20世纪80年代之前,加拿大几乎没有自己的民族出版业,活跃在加拿大的出版社基本上全部都是外资企业。为了改变这种局面,构筑本民族出版业,政府在1985年作出一项重大决策，规定在加拿大的外资出版社必须在两年的时间内将至少50%的股份出让给加方出版社，同时还规定，禁止国外企业兼并本国出版社，并限制外资企业在加拿大出版业的规模和发展势头。

但是，政府运用行政手段进行的干预也往往会带来负面影响。比如，1985 年的政策出台之后，大大挫伤了外资企业的积极性，从而给本国出版业的发展也造成了不利影响。于是在 1992 年，政府及时调整了策略，制定了一项新的出版政策，允许外资建立出版合资企业，但必须经过政府的严格审批。

再如，1995 年 4 月，在政府的直接干预之下，加拿大最大的两家连锁书店得以合并。尽管这一合并受到出版业内的反对，认为此举将会导致垄断，但政府从宏观的角度出发，认为这种合并能够造就本国出版领域的龙头企业，从而大大增强本国企业在国际国内市场上的竞争力。合并后的查普特斯连锁书店拥有 430 家分店，年营业额在 3.5 亿—3.7 亿加元，控制了加拿大英文图书市场的一半。这种做法对于中国来说具有十分重要的现实意义。

二、政府的宏观调控和资助

面对国际竞争，出版业要想提高竞争力，离不开政府的宏观调控，更离不开政府的资助。

加拿大政府管理出版业的根本宗旨是通过加大对出版业的投入，发展和壮大本国出版业，提高自身的竞争力。据不完全统计，从 1971 年到 1999 年，加拿大两级政府用于出版业的资助金额超过 23 亿加元。1995 年 3 月，加拿大政府决定成立一个基金会来促进和提高加拿大书业的竞争力。根据这一计划，加拿大每个书店在购买和更新电脑软硬件时，政府将为其支付总费用的一半，最高资助金额为 1 万加元。

在资助的同时，政府还从关税等方面采取措施，以保护本国企业的利益。如政府对从英国进口的图书实行免税政策，但对来自美国的图书却征收 10% 的进口税。

近年来，由于美国的出版社和书店不断向加拿大市场倾销美国版图书，从而给该国的图书市场造成混乱，引起本国书商的强烈不满。鉴于此,政府颁布一项新条例,规定除非在特定条件下,一律禁止加拿大书店从美国图书批发商那里进货,或者从美国出版社直接进货。这一措施对于保护和规范图书流通领域发挥了重要作用。

现代出版学丛书

海外出版业概述

11

第十一章

意大利出版业

据意大利出版商协会的统计，意大利出版企业超过 3 000 家，但正常经营的只有 2 000 家，年出版新书 4 万余种。尽管欧盟要求其成员取消图书定价制度，但意大利仍是坚决维护图书定价制度的欧洲国家之一。和法国及西班牙的不同之处就是，其图书定价制度不是以法律的形式确立的，而是由出版社和书店双方协议而成。

从图书消费趋势来看，意大利国民用于图书的消费正在稳步下降。图书消费者主要集中在中部和北部。其主要购书来源是市中心的零售网点，这些网点正在逐渐发展成为超级书店。从出版趋势来看，廉价平装书数量不断增加，翻译作品依然保持旺盛的增长势头。这是因为意大利原创作品的平均印数为 4 756 册，而翻译书的平均印数是 8 624 册。

第一节

出版业概述

据有关数据，意大利图书市场总值在 25 亿美元左右，世界排名第 9 位。意大利出版业是一个高度垄断的行业，竞争非常激烈，而且两级分化明显异常。如果用一句话来形容的话，那就是“1 个老大哥领着 7 个小妹妹”。

在图书销售方面，意大利有一个奇特的现象。意大利拥有世界一流的出版社和优美的图书，但意大利人对图书的消费却有限。意大利有近一半的成年人口从不看书。在欧洲国民购书名单中，意大利名列倒数第一。但是，意大利所销售图书的一半却是由大约 6%—7% 的意大利人购买的。人们把这种现象称之为“意大利之谜”。

一、龙头老大蒙达多利

总部位于米兰的蒙达多利出版集团（Mondadori）是意大利头号书刊

出版集团,由阿诺尔多·蒙达多利创办于1907年。年营业额达到13.5亿美元,控制着意大利18%—19%的书刊市场。1999年,由于兼并几家学校图书出版社,其在教育出版市场上的份额增至18.5%。期刊是其拳头产品,共出版和发行14种周刊和月刊,主要刊物有《全景》周刊、《时代》周刊、《现代妇女》周刊及《电视指南》等。期刊及广告收入占集团总收入的50%,图书收入为3.17亿美元。蒙达多利出版集团在意大利是唯一一家有意识地把工薪阶层作为主要读者对象的大型出版公司。其出书原则是以人格取胜,以服务取胜。集团每年向市场推出2 250余种新书,而且全部是平装版,价格便宜。例如,集团推出的《大众市场平装丛书》被认为是意大利第一个真正意义上的大众市场平装版系列。

在翻译作品出版方面,由于意大利人酷爱翻译作品,集团每年都引进大量海外版权。除了约翰·格里森姆这样的畅销书大腕之外,集团还出版小说作者帕特里西亚·考维尔、肯·弗里特、斯格特·杜罗、马丁·克鲁兹·史密斯、托马斯·哈里斯、萨尔曼·拉什迪、汤姆·沃尔夫、大卫·格罗斯曼及非小说作者丹尼尔·古尔哈根、马丁·吉尔伯特、西蒙·莎马和比尔·盖茨的作品。

为了使读者能够随时随地购买到图书,集团建立了一套完整的发行网络。集团充分发挥传统书店的主渠道作用,将其约占总发行额45%的图书交由书店发售,30%的图书交由超级商场发售,10%交由报摊发行。此外,集团还经营着意大利最大的图书俱乐部——德格利图书俱乐部(Degli),目前拥有会员125万,遍及全国各地,而且绝大多数会员属于工薪阶层。1999年,集团与德国贝塔斯曼出版集团的欧洲俱乐部(Euroclub)各出资50%成立了蒙多里图书俱乐部(Mondolibri)。两家俱乐部的会员总数超过150万。

近年来,集团下属企业也获得了巨大发展。斯波林·卡普弗出版公司(Sperling & Kupfer)是蒙达多利出版集团的全资子公司。公司每年出版新书约200种,其中70%是翻译书。与公司保持良好合作关系的著名作家有斯蒂芬·金、马丽·西金斯·克拉克、芭芭拉·泰勒·布莱德福特及西德尼·谢尔顿等。在意大利,销量达到2万册的图书就算是畅销书,而这些作家的作品能够创出15万册的佳绩。由于在经营方面有自主权,所以公司与集团之间在畅销书出版领域还是竞争关系。公司经理卡拉·

坦西可谓是这一领域的佼佼者。她新近推出的惊险小说作家马斯罗·弗伊斯的作品颇为成功,版权已卖至英国、德国、西班牙等12个国家。艾诺迪出版社(Einaudi)是集团所属的一家以出版高档次多卷本的参考书而著称的出版社。曾经在该社出版过作品的著名作家有马丁·艾米斯、保罗·奥斯特、安尼塔·德赛、考马克·麦卡锡及菲里普·罗斯等。目前,该社即将推出一部由多国专家联合撰写的5卷本历史巨著。

在意大利,除了蒙达多利之外,还有7家较大的出版公司,由于它们之间都存在着一些历史渊源,因此被称为出版界"7姐妹"。它们分别是里佐里出版集团(Rizzoli)、阿德尔非出版社(Adelphi)、朗加尼西集团(Longanesi)、参考书出版巨头加桑蒂出版集团(Garzanti)、社科图书出版领头羊拉特萨出版社(Laterza)、费尔特里尼利出版公司(Feltrinelli)和萨加托尔出版集团(Saggiatore)。

二、出版界"7姐妹"

里佐里出版集团是一家集图书出版与印刷为一体的大型媒介集团。近年来,市场份额逐年上升。在图书出版方面,它仅次于蒙达多利出版集团,位居第二,控制着意大利大约17%的一般图书市场。集团所属的里佐里出版社年出新书120种到130种,有原创作品也有翻译作品。出版社的优势就在于拥有一大批在意大利家喻户晓的小说家,如达西亚·马拉尼、阿里桑德罗·巴里考及安德雷·卡米里利等。不过,该社出版的非小说因抨击意大利社会政治问题也相当有名。邦比亚尼出版社(Bompiani)尽管是集团的全资出版社,但除了图书印刷业务外,其他业务均独立经营。这有些类似克诺普夫出版社(Knopf)与兰登书屋之间的关系。邦比亚尼出版社年出版新书120种,其中60%是小说,而且绝大多数是翻译小说。

阿德尔非出版社是意大利著名的纯文学出版社,其社长是世界一流的作家罗伯托·卡拉索。一些世界名作家如米兰·昆德拉、缪艾尔·斯巴克、弗兰克·麦考特及安纳·马里亚·奥特斯的作品都是通过阿德尔非出版社与意大利读者见面的。

自朗加尼西集团总裁斯特法诺·毛里上任以来,集团发生了巨大变化。集团在与英国和美国的音像出版巨头联手出版音像制品的同时,还推出了许多畅销书,如《索菲的世界》、《小东西的上帝》等。目前集团每年出版新书大约250种,并拥有有65年历史的关达出版社(Guanda Editore)、138年历史的著名儿童出版社萨拉尼(Salani)和著名的严肃小说出版社考巴奇奥(Corbaccio)。

近年来,加桑蒂出版集团发生的变化尤为突出。这是因为它已经由一个家庭帝国转变成了一个现代企业。集团目前由美尔里尼家族和毛里家族各控股50%。经过改组之后,集团的业务分别由不同的企业来经营。加桑蒂·里布里出版社(Garzanti Libri)经营一般读物出版。加桑蒂·格兰迪·奥比尔出版社(Garzanti Grandi Opere)主营参考读物。加桑蒂·艾迪托尔公司(Garzanti Editore)则负责为这两家出版社提供各种服务。加桑蒂·里布里出版社1999年共出版了167种新书。除了更加强调商业小说之外,该社的编辑政策一直未变。在推出麦克尔·克莱奇顿等畅销书作家的作品的同时,出版社在诗歌出版方面还名列前茅。到目前为止,出版社小说与非小说的出版比例已经达到持平。

总部位于罗马的拉特萨出版社是社科和人文出版领域最受尊敬的出版社之一。该社以出版教科书、大学论文为主,非小说仅占35%。不过这已经足以让该社的图书在书店中占据有利位置了。该社每年出版新书150种,其中一半是一般图书,由于装帧精良,在任何一家大型书店都可找到其中的40种。该社的许多图书行销海外,如5卷本《女性史》的版权已卖至美国、德国、日本、西班牙、法国和荷兰,总销量达到40万套。

费尔特里尼利出版公司是一家家族式企业,占意大利图书市场份额的5%。这家以开发和培育意大利作者为主的文学出版社经过多年惨淡经营,目前已经获得了长足进步,每年都有作品获得国内著名的文学奖项。目前,公司将其零售业务分离出来,组建了一个连锁书店,其目的就是形成一个以图书销售为主,兼营音乐制品和多媒体产品的综合性连锁书店。1999年,公司与《共和国日报》出版社(La Repubblica)各投资50%,组建了网上图书零售企业,以便在新兴的网络图书销售市场占有一席之地。在出版方面,公司每年出版新书80种,再版书120种,小说和非小说的出版量基本上持平,翻译作品占60%。理查德·福特、维尔·斯尔夫、西莫斯·迪恩及约翰·勒·加尔等名家的作品均出自该公司。

萨加托尔出版集团是一家非常有名的非小说出版公司，组建于1958年。所属的3家出版社在编辑方面各自独立，在销售和版权方面则是一个整体。公司年出版新书150种，并以出版社科和政治类读物而著称，其中80%是翻译作品。

第二节

艺术读物输出大国

众所周知，意大利是一个图书版权输入大国。例如1998年出版的翻译书籍就高达12 526种，而16.5%的翻译作品译自英语。但是意大利出版业还有着不为人所知的另一面，那就是它还是一个地道的输出国，尤其是在绘画艺术书籍和插图读物的出口方面。

出版印刷巨头德·阿格斯蒂尼出版集团(De Agostini)就坐落在离出版中心米兰不远的工业重镇诺瓦。该集团在29个国家和地区设有分公司，雇员超过3 000人，以17种语言进行出版。产品包括丛书、百科全书、CD-ROM、DVD、录像及音像制品。集团在伦敦有一个版权办事处来专门负责丛书、百科全书以及插图读物的版权贸易。集团负责图书出版的克里斯蒂纳·卡帕·里格拉说："我们的战略就是向全球推广具有意大利特色的产品。我们的儿童读物插图画家在全球各地受到欢迎。"该集团的主要出口地是欧洲大陆。近年来，集团也开始关注美国市场。成人读物《简明指南丛书》在欧洲销售不错，不久将在美国上市。

成立于1986年的艾迪卡特出版公司(Edicart)位于离米兰20英里的里格纳诺市。这是一家以出版0岁—6岁儿童读物而著称的出版社，每年出版120种新书，其中1/3是自己组稿，其版权交易和图书出口遍及全球。公司40%的收入来自出口。此外，该公司还是意大利礼品书市场的开拓者，并通过与英国艾克斯里出版社(Exley)的合作而在这一市场上继续保持领先地位。艾迪卡特出版公司还是波伦亚国际儿童书展的重要参与者,其客户主要来自美国。

位于佛罗伦萨的艾里克塔出版社(Electa)成立于二战末期。由于出版高质量的美术、装饰艺术和建筑书籍,它为当时的意大利出版业增添了光辉。今天的艾里克塔出版社在继续推出艺术书籍的同时,还通过合作出版的方式不断向海外发展。该社每年出版250多种图书,其中就包括著名的《寺院百年精华》。1999年,大约有40种图书是合作出版的,总印数超过50万。其中合作版的一半收入来自海外英语市场。在图书出口方面,艾里克塔出版社通过美国发行商向海外500家零售商供货,其中有艺术品专卖店,也有超级连锁书店。位于米兰的FME出版社以出版大型丛书尤其是百科全书而著称。近年来,出版社还与法国同行合作每年出版40种儿童读物。从20世纪90年代初期开始,出版社转向美术和建筑读物,并与美英等国的出版社开展合作出版业务。

里佐里出版集团的总裁罗萨里阿·卡比尼里钟爱惊险小说和女性小说,她几乎每年都要参加重要的国际书展。该社出版的图书有60%是翻译作品,绝大多数是从英文翻译过来的。为了拓展国际市场,集团在纽约成立了里佐里国际出版公司(Rizzoli International Publications)来专门负责集团的对外版权贸易和图书出口业务。

第三节 网络出版异军崛起

意大利电子出版商协会(Associazione Nazionnale dell' Editoria Eletronica)的会员包括所有参与网络出版与电子出版的大出版社、软硬件制造商及众多合资企业,如迪斯尼(意大利)交互公司(Disney Interactive Italy)、康德·纳斯特出版社(Edizione Conde Nast)、麦格劳·希尔出版社(McGraw-Hill Libri)等。近年来,随着电信业的繁荣和网络的普及,网络出版目前成为增长率最高的媒介行业。

意大利最活跃的新媒介公司之一就是成立于1994年,专门从事多媒体产品的开发与生产的里佐里新媒介公司(Rizzoli New Media)。歌剧多媒体公司(Opera Multimedia)是意大利出版新军的又一代表。该公司因出版欧洲文明指南《媒介百科》在法国戛纳电子出版博览会上一举成名。公司目前的业务已经扩大到CD-ROM、DVD和网络。

位于都灵的UTET出版社成立于1791年,是意大利最古老的出版社。这个家族企业的优势就是出版大部头作品——百科全书、词典和其他参考书,出版社对丛书尤其偏好,内容涉及医药、法律、经济、建筑和其他专业领域。由于出版社在销售方面采取了“双轨制”——寄销和邮购,从而使得出版社能够度过困难时期,并大举进军网络领域。在都灵,还有一家重要的出版社,那就是艾诺迪出版社(Einaudi)。长期以来,它是意大利重要的文化出版社。普罗斯特、弗洛伊德及赛缪尔·比克特等名家的作品均出自这家出版社。近年来,出版社推出的许多大部头作品,如多卷本《小说史》和《音乐史》等均取得不俗的销售业绩。这也为出版社进军网络出版领域打下了坚实的基础。

第十二章

西班牙出版业

西班牙出版业是一个成熟的、竞争激烈的产业，具有较强的国际项目和大量从事多种经营项目的产业代理商。同西班牙语的重要性一致，西班牙的出版业是世界上最发达的出版业之一。从全球来看，西班牙出版业在世界排第4位，也是西班牙的一个领导型文化产业，同时它也是促进西班牙贸易平衡的第10大产业部门。

第一节　国民阅读调查

西班牙出版社同业公会联盟公布，2004年在读者阅读率方面，14岁以上的西班牙人有39.6%每天或每周有读书习惯。其中，女性读书的比例比男性高，为56.2%，男性则为53.9%。2005年有关国民看书及买书习惯的问卷资料显示，年龄在14岁以上，每天或几乎每天看书的西班牙人，4人中仅1人；完全不看书的人却达46%，此数据较2004年同期增加了3.2%。14岁以上每周至少看书一次或两次的西班牙人约占41%。这项比例中女性占42.2%，男性占39.4%。

西班牙读者中大多数依然是年轻人、高学历者、都市居住者。2005年的资料还指出，在经常看书的人中，25岁至34岁的年龄层比例最高，其中约81%具有大学学历并居住在人口上百万的城市。另外，如前数次的调查一样，年纪在55岁以上的民众较少看书，65岁以上则几乎完全不看书。问卷受访者中，仅28.7%的人会去公共图书馆看书，37.1%的人向他人借书。小说依然是首选体裁，作者和朋友的意见对该类书的购买影响最大。看书的主要原因是来自阅读的娱乐，遥遥领先于文化的自我培养、学习、工作需要或参考。

书店仍是最常见的书籍购买地点。17.3%的西班牙人平均每人购买21.7册书。61%的读者阅读并不规律，原因是他们没有时间；23.6%的人更喜欢其他娱乐方式；13.4%的人表示不喜欢读书；12.5%的人是由于健康原因不读书(尤其是患有眼科疾病的老年人);只有0.4%的人因为觉得书籍昂贵不太读书。

西班牙图书馆的借阅率也上升了,达到人口的28.4%(2003年为24.8%)。有41.9%的图书馆用户每周至少到图书馆一次。图书馆活动最频繁的是借书(61%)和翻看参考书(59.6%)、提前学习(41.3%)、互联网使用(5.6%)和阅读报纸(5.5%)。

在阅读习惯方面,2004年西班牙最重要的地区是马德里,那里14岁以上的人口有64%认为自己是图书读者。其次是拉里奥哈、加纳利群岛、巴斯克地区、坎塔布里亚、卡斯蒂利亚-莱昂和纳瓦拉。上述地区的人口在业余时间读书的比例都高于全国平均水平(约占55%,而其他地区45%的人表示几乎不读书或从来不读书)。

第二节

出版业概述

与其他出版发达国家相比,西班牙的图书出版业也是一种高度垄断、高度国际化和竞争激烈的行业。在西班牙,登记注册的出版社中真正能够起到举足轻重作用的大约只有10%。2004年,西班牙有3 383个出版社。然而,只有996个出版社(占29.4%)出版10种或更多的书籍,861个(占25.5%)只出版一本书。政府出版社减少了9.1%。出版商主要集中在马德里和巴塞罗那两大城市。2004年,2 693个私人出版社中905个位于马德里共同体,601个在巴塞罗那,260个在安达卢西亚,196个在巴伦西亚,151个在巴斯克。2004年私人出版社雇员有14 360人,比2003年多1.9%,比1995年多36.6%。

2004年被分配在西班牙的国际标准图书标号(ISBN)有77 367个(比2003年的77 970个少了0.8%)。其中有59 406种是新出版的书(1990年是32 082种),3 309种是再版书。除此之外,还有14 652种重印图书,重印图书比上一年急剧上涨。这些图书平均每种出版 4 579 本(比 2003 年多 355 本)。所有图书总额为 310 583 181 本,比前年的上升 11.7%。在过去的 20 年里,西班牙出版物的种数翻了一番。除了马德里和巴塞罗那,其他只要有大学的城市也有许多出版商。西班牙大部分的大学都有自己的编者。出版发行行业集中在大城市里是件很自然的事。

规模较大的出版集团有 20 家,全部集中在西班牙的出版中心马德里和巴塞罗那。这些大型的出版集团多数为跨国公司,一是因为西班牙本国的图书市场已经饱和,二是由于历史的原因,讲西班牙语的人口除了西班牙本国之外,主要集中在拉美地区。因此,世界上最大的西班牙语图书市场不是在西班牙,而是在美洲。这就形成了独立出版社与跨国出版集团在国际国内两个战场进行竞争的独特景象。

一、出版四巨头和独立出版社

西班牙最大的一般图书出版企业,年营业额超过 10 亿美元的普拉内塔出版集团在世界各地拥有 68 家分社。像约翰·格雷森姆、汤姆·克兰西以及芭芭拉·泰勒·布莱德福特等著名作家的西班牙语版均出自这家出版集团,此外,普拉内塔出版集团还是西班牙本国作家作品的重要出版基地。

普拉内塔出版集团的主要竞争对手是德国贝塔斯曼出版集团在西班牙开办的分支机构——普拉扎·詹尼斯出版公司。该公司每年出版 40 种新小说,其中一半是翻译作品,包括斯蒂芬·金和麦克尔·克里奇顿等畅销书作家的作品。目前,普拉扎·詹尼斯出版公司控制着西班牙 30% 的平装书市场。

艾迪西尼斯出版公司隶属于西班牙实力强大的泽塔报刊出版集团,其主要任务就是在商业小说领域与普拉扎·詹尼斯出版公司等进行竞争。艾迪西尼斯出版公司已有 10 年的历史,并在儿童读物市场上占有重要的份额。1998 年,该公司还兼并了阿根廷最大的一般图书出版社加瓦尔·维尔加拉出版社,因为该社在拉美拥有最完善的图书发行网络之一。艾迪西尼斯出版公司年出版新书超过 300 种,其中 70% 是翻译作品,1/3 是儿童读物。

另一家一般图书出版巨头就是格里加宝·蒙达多利出版公司，这是一家由西班牙和意大利合资组建的跨国出版企业。上述这些大型企业均位于巴塞罗那，此外，规模较大的出版集团还包括位于马德里的阿那亚出版集团和桑迪拉那出版集团。

面对这些跨国企业垄断图书市场的局面，西班牙众多的小出版社采取了不同的策略以期在激烈的竞争中得以生存。西班牙独立的出版社一般来说主要集中在学术和技术图书领域。近年来，这些出版社无论是在国内还是在国外均有所拓展。

二、依托大型出版集团，开拓国际市场

帕拉尼弗出版社是一家专门出版培训书籍的小型出版社。为了进一步拓展自己的市场，该社采取了借船出海的策略。1997 年，该社与北美出版巨头国际汤姆森出版集团达成协议，成为集团的一部分。国际汤姆森出版集团经理加米·路西亚在解释这一收购的原因时说："帕拉尼弗出版社经过 35 年的苦心经营，不仅在利润方面获得了巨大突破，而且已经成为西班牙最重要的职业培训资料出版基地，并且已经具有了进军拉美市场的实力。"路西亚说，由于国际汤姆逊出版集团要在西班牙开拓市场，所以要选择一家经营稳定、营业额较高且能够继续得以独立经营的出版社，而帕拉尼弗出版社的条件最为合适。兼并后的帕拉尼弗出版社在经营上继续保持独立，同时对出版范围进行了一些调整，增加了翻译出版国际汤姆森出版集团的出版物的任务，并将直接出版英文作品。

三、利用外资，壮大实力

西班牙海洋出版社与德国兰根史特出版社组建海洋兰根史特出版社的目的也是为了进军拉美市场。到目前为止，这一合资企业已经成为西班牙语图书市场上实力最强的独立出版社之一，并且成为拉美市场上的领头羊。由于该社熟知西班牙语市场，并有强大的发行网络作后盾，海洋出版社的出版品种非常广泛，包括词典、百科全书、参考书、青年读物、少儿读物、科技和艺术图书。据悉，该社将保持年出版图书不少于 70 种的速度。

四、组建联合体，发挥集团优势

对于那些没有合资也没有被兼并的独立出版社来说，他们又是如何进行抗争的呢？1997 年，5 家出版品种相类似的独立出版社组建了普罗姆集团，来负责这些出版社图书的推广与宣传、版权谈判、图书出口及发行事宜。到目前为止，普罗姆集团所发行的图书已经接近 5 000 种。在这 5 家出版社当中，卡斯塔里亚出版社的资格最老。该社成立于 1945 年，起初以出版目录学著作为主。1963 年，出版社由瓦伦西亚搬至马德里，出版的图书也扩大至平装本的古典名著和文学评论。该社社长菲德里克·伊布索兹说："我们的市场非常确定，我们也必须紧紧抓住这一市场。海外市场，尤其是拉美市场正成为我们出版社未来战略中越来越重要的部分。美国已经成为我们的一个重要市场，我们 57% 的图书出口是到美国的图书馆、大学和专业书店。"互联网络也成为卡斯塔里亚出版社开拓市场的一个手段。伊布索兹说："由于我们开办了自己的网址，海外销售额逐步上升。而最重要的一点就是我们可以通过互联网络到达世界上最遥远的地区，以竞争性的价格向那里的顾客提供我们的图书，而且是以信誉卡结算。对于那些想进一步开拓市场的小出版社来说，互联网络的威力简直令人难以置信。互联网络的意义就在于以最低的风险提供最多的信息。"

格里多斯出版社是另一家比较古老的出版社，已有 50 年的历史。经理伊莎贝尔·卡龙说："建社之初，我们主要出版 3 种读物，即翻译作品、有关希腊和拉美方面的学术研究及其他领域的学术研究著作、西方哲学和词典系列。"该社的词典在西班牙语学生中间很受欢迎，并且该社词典已经推出了电子版。目前，出版社的翻译图书已占到出版总量的 30%，其版权主要是来自英国和美国的出版社。

辛特西斯出版社是集团中应用新技术比较多的一家技术出版社。经理弗兰西斯克·贝罗索对通过互联网络进行推广和销售的前景非常看好。在过去 5 年中，这家已有 12 年历史的出版社取得了令人难以置信的发展，确立了自己在西班牙学术和技术出版方面的领先地位。该社年出书 100 种，包括 26 个系列，主要服务于大学市场。辛特西斯出版社的成功主要归因于其与西班牙学术研究领域的密切关系。不过近年来，出版社也注重开拓美国、德国和英国教科书市场。

特罗塔出版社成立于1990年，是一家主要出版人文、法律、哲学等书籍的出版社。翻译作品占整个出版总量的大约20%。该社出版的《哲学百科全书》在国际享有盛誉。在普罗姆集团中，最小的出版社是由四位女性经营的尼里阿出版社，主要出版历史、艺术和建筑方面的图书，年出书15种。出版社社长马塔·卡萨雷斯说："对我们来说，进一步开拓国际市场的最好的方式就是合作出版。"

第三节

图书发行

2004年，西班牙国内图书市场共计销售28.81亿欧元，总计售出2.31亿册图书。虽然并非所有出版商都给予折扣，但就2004年整体而言，各出版社的折扣是32.8%（范围包括给批发商的47.5%折扣到给直销渠道15.5%的折扣）。出版商一共支付了1.664亿欧元购买版权（1.5亿购买著作权，0.164亿购买附属权），相当于总收入的5.2%。从版权交易中，出版商共收益了3 150万欧元。2004年在图书推广及广告这两个项目上的投资，出版商共计花费13 488万欧元，相当于总收入的4.7%。有趣的是，互联网广告投资下降了，出版商增加了在报纸广告、图书交易会、其他公共关系及奖励购买的礼物的投入。

一些大出版商有自己的书店，可以直接将书卖给市民，但是大部分的编者要和经销商、书店、大学或图书馆打交道。4月23日（塞万提斯逝世的周年纪念日）在西班牙被称为"图书日"。许多城市抓住这个时机在市中心举行图书展销会。最出名的图书展销会在马德里，位于丽池公园附近，当红作家和文学奖得主会在那里与群众见面并为他们购买的书签名。许多书是从不同国家进口的，当然，大量的西班牙作品也出口到世界各地。

第四节

版权贸易

打入西班牙全球图书市场的途径有许多，但是通过西班牙每年举行的国际图书博览会获得的商机在不断增多。1983 年，西班牙图书博览会由西班牙出版商联合会创办，每年在巴塞罗那举行。它展出各种类型的图书，是世界上展示西班牙文图书重要的活动场所，到 2006 年已经举办 24 次了。尽管经历了如此之多的变迁兴衰，但是可以说，现在的博览会已经制度化了。在这 10 年的历程中，出版环境发生了惊人的变化。2006 年第 24 届国际图书博览会有将近 60 个国家的 600 多个参展企业，共计 800 个出版商在马德里洽谈版权交易，各国书商也可以选购图书。

2004 年，西班牙出版业出口了价值 4.77 亿欧元的出版物。其中，图书占 84.35%，报纸及杂志占 13.77%，其余占 1.88%。要强调的是，法国已取代墨西哥成为西班牙文书籍的主要进口商，英国、德国和阿根廷市场有大幅增长。非纸媒图书的出口总值在 2004 年总计 116 万欧元，主要目的地是拉美（74.32%），其次是欧盟（18.99%），再次是美国（4.97%）。除了货物贸易外，西班牙外贸服务（版权管理及销售）的收益大约有1 976 万欧元。服务业资产平衡表的其他服务项目不太知名，其他几个来源估算约为 4.5 亿欧元。在图书出口中，数量最大的是大众图书，其次是工程、技术和艺术图书。西班牙进口图书的主要国家是英国、法国和德国，类别主要是语言学、语言、医药和大众图书。

第五节

拓展国际图书市场

西班牙出版社一般是首先着眼于拉美市场,其次是美国市场,因为在美国的西班牙语居民已经成为一股推动整个经济发展的不可忽视的力量。普罗姆集团总裁朱安·马托斯说:"目前正是向美洲拓展的绝好机会。那里的经济稳步增长,尤其是智利、墨西哥和阿根廷等国。由于文化普及率提高,这一地区对新书的需求日益提高,因此,这一市场的潜力是巨大的。对于每个人来说都有机会。"

西班牙出版业也正处于一个良好的发展时期。随着独立出版社实力的增强和营销能力的加强,其规模也是一个明显的优势。这些出版社的工作人员平均10人到15人,这就意味着他们具有大型出版集团所缺乏的灵活性、专业性和凝聚力。近年来,西班牙独立出版社与英美出版社在版权方面的合作不断增多。马德里的一位出版经纪人拉切尔说:"这里的出版社非常挑剔,尽管这些出版社也翻译出版了一大批小说,但他们对原作小说的质量要求是非常苛刻的。这些翻译作品以科幻小说和侦探小说为主。不过,近年来,一个明显的趋势就是纪实性非小说作品的翻译出版量不断上升。"另一个明显的趋势就是大学和技术图书开始在西班牙繁荣起来,而拉美地区则需要企管图书、儿童护理和基础知识读物。拉切尔说:"每个市场都各有其特色,在一个市场畅销的作品在另一市场未必就能畅销,这是由于每个地区的读者群不一样。所以西班牙出版社在版权谈判时一般是根据区域来划分,而不是全球西班牙语版权。"

拉美读者对西班牙大型出版社并不陌生,因为几乎所有的西班牙大型出版公司均在这一地区开办有分社。与此同时,一些有名的拉美出版公司也成功地在西班牙图书市场上占有一席之地。这是出版国际化趋势的一种表现。现在的情况是较小的西班牙出版社也想进军拉美地区,所以在今后几年内拉美地区图书市场的竞争将会日趋激烈。

西班牙对英文图书的需求高峰出现在20世纪80年代,在这一时期,许多青少年被派往英国和美国深造,企业经理深知要想提升的唯一途径就是讲英语。但是自进入90年代以来,西班牙对英文图书的进口呈下降趋势。从1996年到1997年,英文图书的进口量减少了6%。目前,西班牙对英文教学资料的需求量低得可怜,而流行小说(无论是英文还是西班牙语)需求量则呈上升趋势。据西班牙主要的英文图书进口商雅典商务公司副经理加维尔·艾斯比尼里介绍,英文版的大众市场读物尽管销售势头依然不错,但现在也面临着更为激烈的竞争。他说:“西班牙出版社在出版战略方面更具有进攻性。现在,在西班牙图书市场上,翻译版本与进口原版几乎是同步。”他说,其公司进口的图书主要是在沿海地区销售,因为这里云集着旅游者和英文读者。在马德里和巴塞罗那等中心城市,近年来涌现出一大批新人新作,而读者对英文通俗小说的需求量则相当低。

表1　2004年西班牙出版种类数目(数据来源:ISBN西班牙中心)

1990年种类总数		2004年种类总数	
共计	42 207	共计	77 367
010 普通图书	7 336	普通图书	12 760
020 哲学类	1 267	哲学类	2 667
030 宗教神学	1 622	宗教神学	2 903
040 社会统计学	727	社会统计学	1 061
050 政治学	1 040	政治经济学	1 692
060 法律、公共管理	1 792	法律、公共管理、社会服务、保险	3 289
070 艺术与军事科学	104	艺术与军事科学	117
080 教育	6 254	教育	15 284
090 贸易商业	252	贸易商业	393
100 人类文化学	522	民族研究、海关、民俗学	685

续表

1990 年种类总数		2004 年种类总数	
110 语言学	1 181	语言学	1 376
120 数学	263	数学	348
130 自然科学	1 101	自然科学	1 789
140 医学	1 937	医药、公共卫生	2 642
150 工程技术	870	工程技术、电脑	2 198
160 建筑	701	都市设计、建筑	1 502
180 组织机构	511	工商管理	1 039
190 艺术	2 151	音乐、表演艺术 、剧场、电影	918
200 娱乐、体育、游戏	482	体育、游戏	1 100
210 文学	7 194	文学	13 322
220 地理旅游	1 500	地理旅游	1 882
230 历史传记	3 016	历史传记	4 444
		国内经济	1 188
		视觉艺术、印艺、摄影	2 154
		农业、林业、牲畜	614

表 2　2004 西班牙图书营销渠道统计(西班牙内政部报告书)

渠　　道	销售统计（百万欧元）	比 2003 年的增幅（%）	市场占有率（%）
书　店	998.79	−2.9	34.7
连锁书店	417.31	1.9	14.5
高级百货商店	293.55	7.8	10.2
书报摊	148.24	8.9	5.1
公司和机构	238.62	49.0	8.3
图书馆	15.63	−11.8	0.5

续表

渠　　道	销售统计（百万欧元）	比 2003 年的增幅（%）	市场占有率（%）
信用卡销售	282.14	−13.3	9.8
邮　购	100.36	64.0	3.5
俱乐部	112.65	−13.4	3.9
互联网	24.95	122.8	0.9
订　阅	37.06	13.1	1.3
电话销售	105.78	16.7	3.7
其他渠道	106.52	−8.8	3.7
共　计	2 881.60	3.2	100.00

现代出版学丛书

海外出版业概述

第十三章

澳大利亚出版业

直到20世纪中期,澳大利亚出版业还是一个规模非常有限的产业,市场被大多数英美出版商所控制。然而,在最近几十年里,澳大利亚由一个英语出版物的主要海外市场转变为一个英文图书出版大国。澳大利亚本土图书在40年前的市场占有率仅为15%,到1994年已经占到澳洲本土10亿美元的图书总销售额的58%。2004年澳洲图书销售年收入为9.1亿澳元,本土图书占41%,从英国引进或进口的图书占50%,主要原因是对澳大利亚教育图书需求的急剧增长以及民族觉醒刺激了公众对澳大利亚文化的需求。

第一节　出版业概述

从19世纪20年代起,澳大利亚书业开始出现。一开始,英国移民对英国图书的稳定需求使英国出版商在澳洲设立办事处。然而从二战开始,外资出版社比澳洲出版社出版更多的澳洲图书。

相对于小型出版商、独立出版社和当地出版商,政策更加青睐大型出版企业。2004年20家最大的出版商的收入占总收入的77%。最大的4家企业占到澳大利亚出版图书总数的1/3。它们是:

(1) 新闻集团,包括哈珀·柯林斯出版集团

(2) 培生集团

(3) 励德国际集团

(4) 汤姆森出版集团

始建于1946年的澳洲图书出版商协会拥有149个成员,其中纯澳资的100家企业单个收入均少于100万。28家收入在100万—1 000万美元的企业中只有12家属于纯澳资的。

大众图书的平均印刷数约有2 000册—4 000册。根据澳大利亚统计局2005年8月公布的《2003年—2004年度澳洲出版统计数据》(截至

2004年6月)，被认定为出版企业的包括234家主要业务为出版的企业和10个主要业务为非出版的企业(只统计它们涉及出版的部分)。这244个企业共销售128.8万册图书,总收入为15.606亿美元(主要是图书零售,收入达13.532亿美元)。

20家最大的出版商的收入占总收入的77%。出版业的平均利润率是9.7%。20家最大的出版社利润率是9.5%。其他出版社的利润率是12.7%,10家以非出版为主的企业的出版业务利润率为1.4%。

截至2004年6月底,出版业就业人员达5 300人,其中3 547人(67%)在20家最大的出版社工作。5 300人中男性1 848人(35%),女性3 452人(65%)。75%是专职固定工。另外380人(7%)是长期雇用的兼职工,708人(13%)是临时工。212人(4%)是经营人和合伙人。

纯图书销售额占出版总收入的87%(13.532亿美元),包括5.413亿美元的进口图书销售额。服务性收入(0.729亿美元)占总收入的第二名,其次为出版商销售的其他物品(1.686美元)。

244家出版企业中,133家主要出版大众图书,其余主要出版教育图书(包括专业参考书)。出版社的一般类图书(8.196亿美元)主要包括非小说(4.853亿美元,占59%),小说(12.076亿美元,占25%)和儿童图书(11.267亿美元,占16%)。另外,教育图书销售额为5.261亿美元,电子书(包括磁带书)销售额共计0.075亿美元。

第二节 图书发行

发行业的发展是与国外出版商所起的巨大作用密切相关的。过去,大多数英国出版公司指定代理商代理他们的图书,并从书商那里征求订单。英国图书的进口受到英国出版商协会和澳大利亚书商协会协议通过的期限条件的高度管制。从英美进口图书的澳洲零售价格的时间表提供最低保证金以补偿进口书商运送三四个月的物品运费和投资成本。

尽管澳洲大陆幅员广大，澳洲却有高度发达的内部发行系统。销售网络发达的原因可以追溯到二战结束时，从英国和美国进口英文书占到澳洲图书销售的90%。由于贸易增加，海外出版商在澳大利亚设立分支机构，不但分销海外书籍，还发展本土作者出版著作。

澳大利亚有2 000个图书零售点，其中图书连锁店约占市场的60%，折扣、百货商场图书零售点与仍在繁荣发展的独立书店各占约20%。

但是对发行商来说，一些挑战也应被关注。在广阔的大陆上，书店有多达500个供应商和出版商，他们提供了3 000多的账户。管理机构同时承担出版商和发行商，增加了不少成本。有人认为效率高的大批发商能部分解决这一问题，如美国的贝克·泰勒和英格拉姆。拥有更多购买力的（全价和/或折扣）图书连锁店、百货公司和超级市场的扩大，将对出版或不出版何种图书有不良影响。1994年政府调查了186家图书出版商，154家利用自己的资源在澳大利亚组织了自产图书的分销和销售机构，34家利用其他出版社，84家用批发商，40家用图书俱乐部，24家用其他方法。

2004年，77%的书籍是通过零售商和分销商销售给个人和组织，其余22%是与最终消费者直接交易，约为1%的图书是通过互联网销售的。

第三节

图书进出口

1991年，澳大利亚通过修改《1968年版权法案》，放宽了对进口图书的版权保护。修改的目的是为了确保海外出版的图书，无论以何种方式或从任何地方进口都可以尽快到达澳洲市场，其次是降低由海外图书的本地发行人索取的收费。根据这项修正案，如果一个海外版图书在海外出版30日内不向澳洲输入，它将失去在澳洲的版权保护。此外，在版权保护内的书在法律生效的 90 日内不向澳洲书店供货，它将同样失去版权保护。这些变化几乎违反了国际版权公约的规定，但似乎是部分实现了修改的目标。

2004 年，澳洲出口图书达 1.905 亿美元，占书籍销售总额的 14%，再出口图书达 780 万美元。美国是澳版书最大的出口市场，销售总额达 5 780万美元，占出口总值的 30%。其他的重要市场还有新西兰（4 220 万美元）和英国（3 350 万美元）。其余国家的总销售额达 500 万美元。而在 1994 年，图书出口和进口图书再出口的业务占到总销售量的 9.6%，80% 的书出口到三个主要市场——美国（0.302 亿美元）、英国和欧洲（0.19亿美元）及新西兰（0.171 亿美元）。

14

第十四章

波兰出版业

自1989年东欧巨变至今,波兰逐渐进入良性发展。国民收入增长稳定,通货膨胀率有所下降,失业率下降,教育事业发展稳定。从出版方面来看,尽管图书发行已经摆脱了苏联"老大哥"的控制,但波兰出版业还没有形成真正的自由市场,批发商和零售商之间的比例也还没有达到理想的水平。据统计,目前波兰拥有出版商1 700家。至于图书品种总量,波兰对此还没有确切的统计,估计大约介于12 500种至20 000种之间。尽管全波兰大约有3 000家书店,但这些书店中的大多数规模非常小。一些出版商为了促进销售而采取了自己开设书店或者图书俱乐部的方法。波兰科技出版商协会的一项调查表明,30家出版商占据了波兰出版市场80%的份额。波兰科技出版商协会和学校出版商就占到整个图书市场40%—50%的份额。

第一节

翻译作品依然是最热销的品种

在波兰悠久的历史中,有很长的时间都处于别国的统治之下。在过去的10年里,波兰的文学自由程度是最高的。出版商可能还记得1989年至1991年过渡期间波兰政府对出版销售的内容没有任何限制。今天的波兰出版业可能比以前任何时期都健康得多。业务范围覆盖整个东欧的版权代理商艾伦·布拉蒂纳把波兰看做是整个东欧国家图书市场容量仅次于俄罗斯的第二大国,在出版质量上甚至要比俄罗斯更胜一筹。波兰目前的版权代理机构主要有3家。一是格拉尔公司(Graal),该公司的客户大多为美国著名的代理商和出版商。二是英国著名的出版代理机构安德鲁·纽伯格公司(Andrew Numberg)在波兰的分部。三是普拉瓦·普里沃迪公司(Prava & Prevodi)。

格拉尔公司经理斯特拉兹·坎斯卡指出,在图书"大饥荒"的年代,美国作家斯蒂芬·金的小说销量可以达到30万册,现在能销售5 000册就已经非常不错了。所幸的是,单本图书的价格相对而言有所上涨。如果说波兰出版业在解禁之后经历了一段飞速发展的时期,那么现在波兰书业已经进入了所谓的“令人满意的阶段”——虽然速度比较慢,但总体上非常健康。在波兰,英语翻译作品仍然是最热销的图书品种。英国安德鲁·纽伯格公司已经把版权交易作为自己的主导业务。该公司在东欧地区设立了7个代理分部。华沙分部的客户包括著名的哈珀·珂林斯、里特尔·布朗及西蒙·舒斯特出版公司。

第二节

合资私营出版社队伍逐渐壮大

1989年,以合资方式组建的普罗茨辛斯基出版公司(Proszynski)原本只打算出版大众杂志,但现在也开始出版图书了。1993年,该公司出版了第一批图书,同时还成立了波兰第一个图书俱乐部。事实上,该公司早已通过发行杂志开展图书邮购业务了。在出版图书的同时开展图书俱乐部看起来是明智之举。1998年,普罗茨辛斯基出版公司出版了400种图书,内容涉及小说、科幻、历史、传记和大众科学读物,此外还有大学教科书、中小学教科书等。所有这些图书都进入了俱乐部邮购清单。

加罗斯劳·伍罗达西克出版社(Jaroslaw Wlodarczyk)是一家大众读物出版商。在其出版书目中,读者既可以看到西方畅销书作家斯蒂芬·金、玛丽·希金斯·克拉克及帕特里西亚·考维尔的作品,也可以看到波兰本土作家的作品,此外,还有相当多的散文文学作品。

在图书俱乐部方面,世界著名的贝塔斯曼于1994年在华沙成立了分部,1995年出版了第一批50种图书。到今天,贝塔斯曼俱乐部波兰分部已经拥有了近百万会员。该分部既开展图书贸易业务,也开展邮购销售活动。波兰的发行仍然非常落后,因此,出版商必须寻找新的进入零售连锁的方式。贝塔斯曼的解决之道是建立自己的代理机构,这些代理机构既开展贸易业务，同时也开展俱乐部的部分业务。

贝塔斯曼的目标客户大多为不太愿意去书店的读者及那些想进行家庭藏书的读者。其市场范围涉及古典文学、地图集和综合性百科全书。自进入波兰市场以来，贝塔斯曼总共出版了250种图书，俱乐部销售数量超过了700万册。

波兰最主要的两家翻译出版商都不在首都。里比斯出版公司(Rebis)是一个家族企业，与40个批发商、五六个大型书店、大型超市及普罗茨辛斯基图书俱乐部进行直接的交易。此外，公司还出版散文文学作品，这些图书也是由美国翻译而来的。塔德兹·泽斯克是一家以出版文学翻译作品为主的公司，其绝大多数作品的版权来自英国，其中散文作品占据了重要地位。

姆札出版社(Muza)是一家在华沙所有出版商中销售额排在第四位的图书出版公司，在图书贸易方面名列首位。这家公司成立于1989年，起初所从事的是出版专业性杂志和画报。1992年，该公司开始从美国国家地理学会、多林·肯德斯里出版公司和哈珀·柯林斯出版公司引进图书，开展图书贸易业务。目前，该公司是华沙最大的图书贸易公司。

安姆波尔出版社(Amber)是1989年在波兰注册的第一家私人出版公司。西方一些著名的畅销书作家如罗伯特·鲁德拉姆、麦克尔·克里奇顿及约翰·格森姆等均是通过该社而在波兰家喻户晓的。出版社起初的业务发展速度快得令人难以置信，但其后随着图书"大饥荒"现象的消失，图书市场逐渐饱和，出版社也进入了艰难的阶段。

由于波兰图书出版业竞争的加剧、图书价格的不断提高，第一批成立的私人出版公司现已倒闭了许多。但安姆波尔出版社幸存了下来，并且得到了稳定的发展。从1996年开始，新一轮办社热潮开始之后，波兰又涌现出一大批私营出版社。最新成立的、非常有影响力的时代生活公司(Time-Life)员工人数达到了200人，其中30人为专职编辑。布里马出版社(Prima)的办公室只有3间屋子，5名编辑每年的出书品种达到了50种。大卡波出版社(Da Capo)的出版书目中不乏西方名家名作，但最有特色的还是女性文学图书，在这个方面，大卡波出版社占据了领先位置。《知识与科学》杂志早在二战前就已风靡一时，1989年，该杂志与英国多林·肯德斯里出版公司合作开展图书出版业务。目前，《知识与科学》杂志已经成为多林·肯德斯里出版公司在波兰最主要的合作伙伴。这家杂志还出版当代经典文学系列图书。

第三节

外资：激活了市场，壮大了国企

1991 年，加拿大托斯达媒介集团（Torstar）下属的禾林出版公司进入波兰。该公司很快就发现波兰图书市场的空白，并通过当地的书报摊发行其系列丛书。到 2005 年，禾林出版公司在波兰总共出版了 8 大系列丛书和 16 个单行本，总印数达到了百万册。

1991 年，丹麦媒体巨头和美国迪斯尼公司的合资企业爱格蒙特（华沙）出版社在华沙成立。现今，该社已经成为一个独立公司。其业务既包括出版翻译图书和期刊，同时还开展版权贸易业务。爱格蒙特（华沙）出版社在波兰儿童图书市场占据着主导地位。这一方面是因为其儿童读物主要来自于迪斯尼公司，另一方面是因为该公司拥有东欧最大的儿童图书俱乐部（会员大约为 8 万人）。

无论从销售额、纯利润还是出书品种来衡量，教科书出版公司和科学技术出版商 PWN 出版社在波兰出版业都占据着举足轻重的地位。1989 年以后，教科书出版公司在教科书市场上仍然占据着 55% 的份额，同时也是波兰最大的图书出版商。教科书出版公司主管安德列兹伊·克鲁札诺维斯基认为，公司今后主要的发展方向是大众读物、教育类图书比如词典和百科全书。目前，教科书出版公司的出版内容可以分为 12 个主题，每个主题内都涵盖学校教科书和大众读物。此外，教科书出版公司还出版一系列非常畅销的英语读物供出口。图书版权和家庭多媒体读物也在教科书出版公司的业务范围之内。

PWN 出版社在建立之初就垄断了波兰科学出版市场。PWN 的特殊地位使得它可以出版最好的科学图书。东欧巨变之后，为了使 PWN 能存活下来,出版社进行了一系列改组。1992 年开始的私有化为 PWN 吸引了一家美国与加拿大合资公司的注资,同时也从这些国家引进了一批管理人才。PWN 现今已经成为东欧数一数二的科学技术和医学出版公司。在战略合作伙伴的支持下,PWN 最近开始建立一个合资公司从事图书、媒体和大众传播方面的业务。由于后备资金充足,再加上每年 5 000 万美元的销售额,出版社准备进行一系列的兼并活动。通过兼并,PWN 可以增加其大众读物的出版,从而进一步巩固在波兰出版市场上的地位。PWN 总部的员工人数大约为 500 人。此外,PWN 在波兰还拥有 7 个书店和仓库。

从出书品种上来看,目前 PWN 每年的新书品种大约为 350 种。但最近新开设的教科书出版分部将为出版社增加 120 种—130 种新书。此外,与励德·爱思唯尔出版集团的合资企业也为 PWN 每年增添 70 种读物。与德国施普林格出版公司的合作每年也增加 30 种新书。目前 PWN 最主要的出版内容是百科全书。PWN 和教科书出版公司在未来相当长的时期内都会保持这种瓜分波兰图书市场的局面。

第四节

国有出版社私有化进程困难依然

历史悠久的 PIW 出版社现今仍然是一家国有企业。其高级主管曾经力图将该出版社私有化,但没有成功。该出版社打算将企业股份以分期付款的方式出售给雇员。未来走向的不明晰已经使得 PIW 出现萎缩。目前,该出版社每年的新书品种仅为 100 种,而且主要是文学作品。

另外一个历史悠久的波兰文学出版巨头是克伊特尔尼克出版社(Czytelnik)。该出版社成立于 1944 年,是波兰幸存下来的历史最悠久的出版社。该社的私有化也非常困难。其出版商也采取了出版波兰古典和现代文学、翻译作品的捷径。该出版社所出版的图书中最引人注目的是具有40年历史的、质优价高的Nike系列丛书。如果与先前每年出版350种图书相比,出版社显然出现了业务萎缩的现象。作为文化出版商,该出版社享受着一定的国家津贴。此外,拥有40年历史的阿卡迪出版社(Arkady)目前也正忙于私有化。波兰最有名望的文学出版社是成立于1953年的维达尼克多出版社,该社曾被评为波兰最佳出版社,但现在也已经处在私有化改革的进程之中。

现代出版学丛书

15

第十五章

罗马尼亚出版业

据统计，自 1990 年罗马尼亚实行市场改革以来，注册成立的出版社超过 2 000 家。大多数出版社是未经认真筹备就仓促建立的。这些出版商仅仅把出版图书作为赚钱的工具。而国有出版社仍固守传统方式来履行其职能，但最终发现自己与新的市场经济格格不入。他们难以对抗这些个体出版社的竞争，逐渐走向衰落。现在，大多数国有出版社已经破产。

国有出版社的私有化进程也不太顺利。迄今为止，仅有一家国有出版社实行了私有化。它就是 1990 年 2 月 1 日由文化部批准成立的人文出版社，其前身就是著名的政治出版社。人文出版社主要经营人文科学图书的出版。与此同时，国家的图书发行系统开始解体。这些发行机构难以承受数百万库存图书的积压而纷纷倒闭，大多数图书已经在仓库积压了几十年。个体发行商逐渐成熟。人文出版社拥有自己的发行网络，在全国主要城市设有 12 个零售书店。

图书印数直线下降。如今，浪漫小说成为罗马尼亚的畅销书。这些书主要是《丑角》、《他和她》等丛书的译本，销量在 3 万册到 6 万册之间。在文化出版领域，最成功的仍然是宗教、哲学、历史和备忘录之类的图书。参考书的销量也很好。教科书本应是极具价值的一块市场，但全今仍受政府垄断。由于教科书都由国家严格指定，因此教师不可能再去选择其他的教科书。

翻译作品约占罗马尼亚图书的 80%，大多数来自法国（主要是文化图书）和英国（主要是通俗小说）。成功的文化图书有老子的《道家学说》、艾拉德·库里亚奴的《宗教辞典》以及 K. P. 鲍比尔的《开放社会及其敌人》等。

罗马尼亚本国的经典文学作品销路并不太好。最著名的罗马尼亚作家有里维乌·里布雷亚奴、卡米尔·佩特雷斯库、马林·普里达和尼奇塔·斯坦尼斯库等。年轻一代中最引人注目的作家是米尔西亚·卡塔雷斯库。他的两本小说和一本诗集已被译成法语和西班牙语在海外发行。

困扰罗马尼亚出版业发展的问题主要有以下几点：

（1）通货膨胀

2005 年，罗马尼亚的通货膨胀率高达 31%。而在给图书定价时必须把通货膨胀的影响考虑在内。面对经济的零增长率，资金甚至有可能被通货膨胀侵蚀掉。

(2) 纸张垄断

罗马尼亚造纸业由垄断集团控制,两三家大型造纸厂垄断了纸价。

(3) 生产成本

由于自由市场经济规则一时还很难建立起来,除去通货膨胀的影响,出版业的生产成本仍在不断上涨。例如,位于布加勒斯特的罗马尼亚最大的出版社克里西出版社尽管是一家经营学校教科书的国有出版社,但教育部竟然无法支付书款。这家出版社的负债额已达4 000万列伊。为还清债务,克里西出版社在同其他出版社交易时不得不提高价格。包括私营企业在内的其他出版社不得不遵从大出版社制定的价格机制。其结果是,生产成本直线上升。

(4) 价格

以西方的价格标准来看,罗马尼亚的图书价格比较便宜,但对于罗马尼亚人来说定价就比较高了。为制定出市场可接受的价格,定价仅为生产成本的3倍,而在法国定价为生产成本的8倍。管理费用、版税和发行费用要占到图书零售价的2/3。

(5) 缺乏市场监测

对罗马尼亚图书市场进行评测是很困难的。出版社无法获得近期的市场预测。其结果是,出版商只好去猜测市场需求量,因此经常陷入库存不够或无利可图的窘境。

(6) 市场营销

罗马尼亚书业缺乏营销和宣传的专业人员。出版商无法充分了解读者,也没有专业读者的数据库。

(7) 图书质量

图书装帧质量低劣,不仅是纸质差,印刷商的专业标准和印刷机的质量也都很低劣。因此,罗马尼亚的图书质量很难和西方图书相比。

由此来看,罗马尼亚出版业的出路在于本国经济的好转,但更为重要的是引入真正的竞争机制,为罗马尼亚出版商开放通往国际市场的出口。

参考文献

1. 郝振省. 2004—2005 国际出版业状况及预测. 中国书籍出版社, 2005 年
2. 英图书馆正在失去它们的地位.《国外出版瞭望》,2002 年第 11 期
3. 李昭瀚. 英国书业两大并购殊途同归.《出版商务周报》,2006 年 5 月 31 日
4. 环球背景:英国出版业扫描. 中华读书网,2000 年 6 月 16 日
5. 李永平. 出版人感言.《中国图书商报》,2006 年 8 月 25 日
6. 芭芥. 法国出版业的历史与现状.《新京报》,2005 年 9 月 2 日
7. 金波. 法国电视台寻找接班人. http://www.varietychina.com/2005 年 7 月 15 日
8. 法国阿歇特集团加速"走出去".《中国图书商报》,2006 年 4 月 17 日
9. 张书卿. 2004 年法国出版集团排名稳中微调.《出版参考》,2005 年 9 月
10. 于平安. 2005 年法国图书出版量得到有效控制.《出版参考》,2006 年 5 月
11. 塞尔日 · 爱热尔. 法国图书发行掠影.《出版参考》,2005 年 10 月
12. 甄西. 日本电子图书市场规模增幅显著.《出版参考》,2006 年 8 月
13. 白晓煌. 2005 日本出版业:东贩物流中心启用博客图书热销.《中国图书商报》,2006 年 3 月
14. 龙一春. 日本出版业的规制方式及行业自律.《出版发行研究》,2006 年第 2 期
15. 贾曦. 日本出版业十年变迁.《出版经济》,2004 年第 1 期
16. 陈磊. 日本出版走向.《中国出版》,2003 年第 5 期
17. 甄西. 杂志难以拯救日本出版业.《生活经济》,2002 年第 19 期
18. 戴铮. "哈五"领衔日本今年十大畅销书.《中华读书报》,2004 年 12 月 22 日

19. 小林一博. 出版大崩溃. 上海三联书店,2004 年第 2 版
20. http://www. editorsweblog. org/
21. 李寄钊. 2005 年荷兰图书销售额上升 3%.《出版商务周报》,2006 年 7 月
22. 田志凌. 荷兰出版资助计划进入中国.《南方都市报》,2006 年 9 月
23. 李寄钊. 印度出版业重视出口.《中国图书商报》,2006 年 10 月 10 日
24. 李实. 印度图书出版业.《出版经济》,2004 年 2 月
25. 熊昌义、余天恩. 第 9 届新德里图书博览会见闻.《参考消息》, 2003 年 9 月
26. 任彦. 印度人为何爱读书.《环球时报》,2005 年 9 月 9 日
27. 加拿大统计局网站 2006 年 6 月 30 日
28. 西班牙今年首季近半数人不看书. 香港《大公报》,2006 年 5 月
29. THE SPANISH PUBLISHING INDUSTRY IN 2004, ISBN 西班牙社
30. 姜晓娟. 澳大利亚出版业:从数据看市场.《出版参考》,2005 年第 13 期
31. http://www. abs. gov. au/ 澳大利亚统计局
32. 余敏. 2002—2003 国际出版业状况及预测. 中国书籍出版社,2003 年
33. 余敏. 2003—2004 国际出版业状况及预测. 中国书籍出版社,2004 年
34. 美国《出版商周刊》2000—2006 年
35. 英国《书商》杂志 2000—2006 年